아이를 이해하다 나를 발견하다

아이를 이해하다 나를 발견하다

초판인쇄 | 2025년 2월 5일
초판발행 | 2025년 2월 10일

저　자 | 김량현, 김현경, 변수정, 이정욱, 이효은, 정종진
발행인 | 이웅현
발행처 | 부카
편집·디자인 | 부카
교정·교열인 | 서이화, 이현혜
출판등록 | 제2017-000006호
대구광역시 달서구 문화회관길 165, 대구출판산업지원센터 408호
전화_ 053-423-1912　　팩스_ 053-639-1912
이메일_ bookaa@hanmail.net
홈페이지_ bookaa-n.com

ⓒ ISBN 979-11-93891-42-1

- 이 책에 수록된 내용은 저작권법의 보호를 받는 저작물이므로 무단전재와 복제를 금합니다.
- 잘못 만들어진 책은 구입처에서 바꿔 드립니다.

2025 대구광역시교육청 책쓰기 프로젝트

아이를 이해하다
나를 발견하다

떠든사람
김량현 김현경 변수정 이정욱 이효은 정종진

부카

머리말

한 발짝 더 다가가기

2021년 봄, 대구광역시 교육청에서 학력 부진 학생을 어떻게 하면 도울 수 있을까? 하는 문제를 가지고 '학생성장 중심 학력 향상을 위한 실천 탐구' 연수를 한 적이 있습니다. 그때 변수정 선생님은 강사를, 저는 보조강사를 했었습니다.

우리는 지난 10년 동안 '좋은 수업 실천 연구회' 활동을 통해 교사의 눈이 아닌 학생의 눈으로 그들을 이해하려고 노력했고, 우리가 익힌 방법으로 연수에 오신 선생님들과 함께 그분들의 반 아이를 이해하려고 애썼습니다. 연수 결과가 좋았으면 좋았겠지만, 연수에 참여하신 선생님들은 생소한 탐구 방법에 많이 힘들어했고 그 해를 끝으로 더 이상한 실천 탐구 연수는 개설되지 않았습니다.

2022년 봄, 변수정 선생님이 연락을 주셨습니다. 변수정 선생님은 연수 과정이 선생님들에게 힘든 건 사실이었지만, 그 안에서 진심으로 아이를 이해하려고 애쓰시는 선생님들의 모습에 감동했다며, 그런 분들에게 도움을 줄 수 있는 연구회를 만들자고 했습니다.

나는 변수정 선생님의 제안을 흔쾌히 받아들였습니다. 이후 우리는 실천 탐구 연수에 참여하신 김량현, 김현경 선생님과 멀리 울산에서 오신 정종진 선생님, 실천 탐구를 처음 접하시는 이효은 선생님 및 몇 분 선생님들과 함께 '탐구하고 실천하는 교사 모임(이후 탐실모)'을 만들었습니다.

당시 우리는 현재 한국교육의 문제점을 '과잉된 처방'에 있다고 보았습니다. 지금까지 교육청은 교실의 문제를 해결하기 위해 다양한 약을 개발해서 선생님들에게 나눠주고, 사용 방법은 연수를 통해서 알려줬고, 선생님들이 약을 잘 사용하지 못하면 직접 현장으로 가 투약하기도 했습니다.

그런데 이러한 과정에는 몇 가지 문제가 있었습니다. 첫째, 약을 제대로 투여하기 위해서는 환자의 상태를 제대로 진단할 수 있어야 하는데 교육청이 알려 준 진단 방법은 시험을 쳐서 점수를 매기는 너무나 단편적인 방법이라 학생을 종합적으로 이해하기에는 터무니없이 부족했습니다. 둘째, 선생님들이 자신의 반 학생들을 제대로 진단할 수 없다 보니 학급의 문제를 교사 스스로 해결하지 못해 외부에서 위탁할 수밖에 없었습니다. 셋째, 아이가 수많은 시행착오를 거쳐 어른이 되듯 교사도 스스로 문제를 해결하면서 시행착오를 겪어야 성장할 수 있는데 교육청이 문제를 직접 해결하다 보니 교사가 성장할 수 있는 기회를 원천적으로 봉쇄하고 있었습니다.

'탐실모'에서는 이러한 문제를 해결하고자 함께 노력했습니다. 학기마다 1명의 학생을 선택하여 선입견을 내려놓고 관찰하여 기록했고, 그 기록을 토대로 학생의 눈으로 그를 이해하려고 노력했습니다. 또한, 학생의 입장이 되어 그들에게 도움을 줄 방안을 찾아 실천했습니다. 그리고 그 과정을 기록으로 남기려 애썼습니다.

탐구와 실천의 과정은 쉽지 않았습니다. 몇몇 선생님들은 발길을 끊으시기도 했고, 또 몇 분 선생님들은 과정을 다 마치시지 못하기도 했습니다. 하지만 힘들기만 한 건 아니었습니다. '인내는 쓰나 그 열매는 달다'는 말처럼 연구회 회원님들은 교사로 성장하는 기쁨을 함께 느낄 수 있었습니다.

2023년 봄, 탐구하고 실천하는 교사 모임에서는 새로운 결심을 했습니다. 교사로 성장하는 기쁨을 다른 교사들과 함께 나누기로 한 것입니다. '탐실모'에서는 한 해 동안 자신이 한 탐구와 실천의 과정을 한 편의 글로 완성하기로 했습니다. 그리고 그 글을 함께 나누기 위해 '2024 대구광역시 책쓰기 프로젝트'에 공모하기로 했습니다.

새로운 실천을 결심한 뒤 우리는 고민에 빠졌습니다. 지금까지 우리는 탐구와 실천을 마친 뒤 보고서 형식으로 글을 썼습니다. 이런 보고서 형식의 글은 함께 공부한 회원들끼리 정보를 공유하기에는 좋았으나, 글이 매우 딱딱하고 지루해서 일반 선생님들이 읽기에는 부적절했습니다.

나와 변수정 선생님은 탐구 결과물의 성격은 그대로 살리면서 일반 선생님들이 가볍고 쉽게 읽을 수 있는 글쓰기 방법을 찾았고, 그해 우리가 찾은 글쓰기 방법은 '내러티브(서사적) 글쓰기'였습니다. 우리는 탐구와 실천의 결과를 시간의 순서에 따라 이야기로 구성하되 전경에는 아이의 모습을 담고, 배경에 교사의 모습이 스며들도록 글을 썼습니다. 다행히 우리의 글쓰기 방법이 유용했는지 우리가 쓴 글은 '2024 대구광역시교육청 책쓰기 프로젝트' 공모에 당선되어 『아이의 눈으로 여는 교실』이라는 책으로 출판하게 되었습니다.

2024년 봄, '탐실모'는 부싯돌이 세상을 밝히는 시발점이듯, 우리가 새로운 교육을 여는 출발점이 되겠다는 각오로 모임의 이름을 '붓돌'로 바꾸었습니다. 그리고 일반 선생님들께 좀 더 가까이 다가갈 수 있는 글쓰기 방법을 모색하였고, 그 결실을 모아 엮은 책이 바로 『아이를 이해하다 나를 발견하다』입니다.

『아이를 이해하다 나를 발견하다』는 1부 '아이와 함께한 시간들'과 2부 '나를 돌아본 시간들'로 구성되어 있습니다. 1부는 예전과 같은 글쓰기 방법을 활용해 쓴 글들이고, 2부는 '에세이' 방식을 활용해서 쓴 글들입니다. 올해 에세이 형식의 글쓰기를 하게 된 것은 다른 선생님들도 우리처럼 쉽게 탐구와 실천을 할 수 있는 방안을 제시하기 위함이고, 또 다른 의도는 아이들의 다양한 삶의 모습을 쉽고 다양하게 독자들에게 전하기 위함입니다. 부디 우리의 이런 노력이 아이를 탐구하는 많은 선생님들에게 의미있게 다가가기를 바라봅니다.

2025년 1월 어중간한 날
'붓돌' 회원님들을 대신하여 이정욱이 씁니다.

차례

머리말

아이와 함께한 시간들

사랑이에게로 향하는 이인삼각 • 대구복명초 김량현　14

그대 내게 행복을 주는 사람 • 대구월서초 이효은　32

홀씨 되어 세상으로 나아가기 • 울산중산초 정종진　51

헛발질로 넣은 골 • 대구명덕초 이정욱　75

만병통치약은 없다 • 대구범일초 김현경　107

허니버터칩 한 봉지 • 울산중산초 정종진　126

나를 돌아본 시간들

'아이 눈' 연수가 내게 준 선물 • 대구범일초 김현경   138

내 편 만들기 공부 • 대구명덕초 이정욱   146

아주 보통의 하루 • 대구월서초 이효은   156

우리가 감당해야 할 힘듦 • 대구포산초 변수정   167

인간의 본성은 선하다에 한 표 • 대구포산초 변수정   172

짧지만 긴 여행, 학교 감상하기 • 대구포산초 변수정   176

엄마들의 걱정, 한글 깨치기 • 대구포산초 변수정   180

맞나? 그래가 우야노 • 대구포산초 변수정   188

교사와 학부모 그리고 아이 • 대구포산초 변수정   195

김지후에게 주인공이란? • 대구포산초 변수정   203

에너자이저에 대한 태도 • 대구포산초 변수정   210

아이와 함께한 시간들

사랑이에게로 향하는 이인삼각

김 량 현

하루하루 살아내기

나는 대도시에 근무하는 50대 초반의 여교사다. 초등학교 1학년 때 교단에서 빛이 나던 담임 선생님을 보고 교사가 되고 싶다는 꿈을 가졌다. 나의 초등학교 시절을 함께 한 드라마 '호랑이 선생님'을 보면서 호랑이같이 무섭지만, 늘 아이들과 문제를 해결하고 재미있는 일상을 만들어가는 그런 선생님이 되고 싶다고 생각했다.

발령이 나던 해, 그 꿈이 현실에서 이루어질 수 없는 꿈이라는 것을 알게 되었다. 아이들과 함께 호흡하며 생활하는 것이 주된 일이라 생각했는데 그 외에 많은 업무들이 있었다. 동 학년과 발맞추어 학급 운영을 해야 하고 수업보다는 주어진 업무 처리가 우선이 되어야 하는 분위기에 실망감도 컸다. 업무를 제대로 해결하지 못해 허덕이고 수업은 어떻게 했는지, 어떻게 해야 하는지 매일매일 숙제로 남기는 나날들의 연속이었다. 그나마 위안으로 삼은 것은 능수능란해 보이는 선배 교사들을 보면서 '나도 세월이 흐르면 나아지겠지'라는 희망 회로였다.

그러나 나의 기대와는 달리 학교 현장은 점점 더 힘들어져 갔다. 교단에 대한 고민과 반성으로 버텨나가며 어느덧 중견 교사가 된 나는 2023년 7월, 서울의 서이초 사건 이후 더욱 심한 고민에 빠졌다.

지금 나는 교사로서 무엇을 고민해야 하는가? 나는 학교에서 만나는 아이들에게 어떤 존재인가? 아이들의 성장을 위해 나는 어떤 역할을 감당할 수 있을까? 심하게 쪼그라들어있는 나를 보며 하루에도 몇 번씩 스스로에게 되물어보게 되었다.

교사로서의 사명과 보람을 접어두기로 했다. 아이들과 그저 하루하루를 살아내기로 마음먹었다. 하루하루를 살아내는 것이 어떤 의미인지는 잘 모르겠지만 하루가 쌓여서 한 달이 될 것이고 한 달이 쌓여서 1년이 되면 나는 무사히 아이들과 헤어질 수 있다고 생각하며 어려운 결정을 회피하곤 하였다.

그런 나에게 생각지도 못한 아이가 나타났다. 조용히 하루하루를 살아서 무사히 아이들을 진학시키고 싶은 나를 번번이 자극하는 아이였다. 이 아이는 등교부터 하교할 때까지 나의 신경을 곤두서게 했다.

내가 최대한 감정을 절제하여 친절하고 다정하게 그 아이의 문제 행동을 지적하면 그 아이는 나의 지적에 화를 냈다. 학생 대다수가 진지하게 수업에 참여하는 시간에도 그 아이는 자기 하고 싶은 대로 했다. 어떤 날은 적당히 나의 말을 듣는 듯하다가도 또 다른 날은 자기 기분에 따라 행동하니 나의 감정이 진정될 리 없었다. 더욱이 반 아이들 앞에서 교사로서 내 체면이 말이 아니었다.

이 아이를 어떻게 해야 하나? 그러느니 모른 척 그냥 둘까? 누가 이기나 하면서 부딪혀볼까? 아 진짜 고민이 되었다.

골치 아픈 아이, 사랑이

이 골치 아픈 아이의 이름은 사랑이다.

사랑이는 6학년 여자아이다. 통통한 체구에 얼굴이 넓고 볼이 통통하다. 키는 또래 무리에서 중간 정도이다. 눈 끝이 살짝 올라가고 입술이 두툼하며 콧볼 양쪽 끝이 펑퍼짐하다. 무표정한 얼굴로 앉아있으면 마치 화난 아이처럼 보였다. 머리카락이 길며 중간 가르마를 하고 있으나 제대로 정리되지 않은 앞머리는 늘 얼굴을 가렸다. 머리카락을 정리하라고 하면 손을 대지 않은 채 좌우로 머리를 흔들었다.

사랑이는 대도시의 13학급 규모의 빛나초등학교에 다닌다. 학교는 주택가로 둘러싸여 있으며 그 주택가 너머에 새로 지어진 아파트들과 20~30년 된 아파트들이 있다. 2020년부터 입주한 아파트로 인해 빛나초등학교는 8학급에서 13학급으로 늘어났다. 사랑이네 학급은 13명의 남자아이와 9명의 여자아이로 구성되어 있다. 사랑이는 1학년 때부터 빛나초등학교를 다녔는데 학급 친구들의 반 정도는 1학년 때부터 함께 입학한 친구들이고 나머지는 전학 온 친구들이다.

사랑이가 빛나초등학교를 다니게 된 이유는 어머니 때문이다. 어머니가 학교 인근 상가에서 가게를 운영한다. 사랑이가 사는 곳은 차로 20여 분 떨어진 중소도시 별마루시다. 운수업을 하는 아버지 때문에 집을 옮길 수 없고, 육아와 일을 병행해야 하는 어머니가 일터 근처 초등학교에 사랑이를 입학시킨 것이었다. 사랑이는 매일 별마루시에서 어머니와 함께 차로 등교한다. 하교 후에는 수학 학원과 논술 학원을 다니거나 어머니 가게에 딸린 방에서 유튜브를 보거나 그림을 그리면서 시간을 보낸 후 어머니가 가게를 닫는 8시쯤에 집으로 돌아간다.

나를 힘들게 하는 사랑이

사랑이는 화장실을 자주 가고 화장실에서 꽤 많은 시간을 보냈다. 사랑이가 화장실에 가는 시간은 주로 아침 자습 시간과 자기가 싫어하는 과목을 배우는 시간이었다. 교실에 들어서자마자 가방을 걸고 난 후 화장실로 향했다. 수학 수업이나 사회 수업을 시작하면 슬그머니 일어나 배가 아파서 화장실을 다녀오겠다고 말하고는 화장실에 가서 20분이 지나도 오지 않았다. 사랑이가 화장실에서 주로 하는 일은 핸드폰으로 웹툰을 보거나, 아침 대신에 가져온 간식을 먹는 것이었다. 때론 교사에게 혼났을 때 감정을 추스르기도 했다.

사랑이는 아픈 곳이 많은 아이다. 그래서 화장실만큼이나 보건실에 자주 갔다. '귀에 볼록한 것이 났어요', '손톱 밑에 살갗이 벗겨졌어요', '머리카락 밑이 너무 간지러워요', '배가 아파요', '얼굴이 너무 간지러워요', '머리가 아파요', '팔에 피가 나요', '귓불이 따가워요', '손가락이 어디에 부딪혔는지 너무 아파요', '다리에 피가 나요'

매일 매일 이유가 다르지만 아프지 않은 날이 없었다. 아침부터 아프다며 보건실을 찾는 경우도 있지만 수업 도중에 뭔가 뜻대로 되지 않으면 아프다고 했다. 특히 화장실을 못 가게 하는 날은 이런저런 핑계를 대고 보건실을 가려고 했다. 보건실에 가면 화장실에서 보내는 시간만큼 시간을 보내고 교실로 돌아왔다.

사랑이는 자신의 감정표현을 물건이나 자신에게 했다. 수업 시간 활동에 참여하지 않고 그림을 그리는 경우가 많았다. 그럴 때마다 나는 그림 그리는 것을 제지하며 그림 공책을 넣으라고 했다. 그 순간 그림 공책을 탁탁 소리내어 덮고 서랍장에 쑤셔 넣으면서 입으로 중얼중얼거렸다. 책상 위에 널린 물건들을 정리하라고 하면 가방 지퍼를 거칠게 열고 물건을 던지듯이 넣었다. 그러고는 보란 듯이 나를 쳐다본다. 그래도 화가 풀리지 않으면 가끔 자기 머리와 팔을 벅벅 긁고 나서 피가 난다며 보건실을 다녀오겠다고 하였다.

사랑이는 월요일이면 어김없이 지각을 했다. 평소에도 지각을 하는 편이나 유독 월요일에는 더 늦게 오는 편이었다. 후드티 모자를 덮어쓰고 머리카락으로 얼굴을 가린 채 구부정한 자세로 들어온다. 왁자지껄 이야기 나누는 친구들에게 눈인사조차 하지 않고 자기 자리로 갔다. 교사를 보는지 보지 않는지도 확인할 수 없었다. 자기 자리로 가서 가방을 걸고 이내 자리에 엎드렸다. 그 자세로 1교시 시작하기 전까지 잤다. 진짜 자는지, 자는 척하는지도 알 수 없었다. 교사가 깨우면 눈이 부신 듯 눈을 비비며 일어나서 느릿하게 자세를 고쳤다. 하지만 수업 시작과 함께 책상에 엎드려 잠을 자기 시작했다. 교사가 여러 번 지적하고 억지로 잠을 깨워 바로 앉혀 놓으면 이내 머리가 아프다며 보건실로 향했다.

사랑이는 항상 모자가 달린 옷을 입고 왔다. 봄에는 모자 달린 점퍼를 입고 여름에는 후드티를 입었다. 옷에 달린 모자를 쓰고 긴 머리카락으로 얼굴을 가렸다. 교실 수업뿐만 아니라 체육 시간에도 모자를 쓰고 수업했다. 얼굴이 벌겋게 달아올라 더워 보였지만 모자를 벗지 않았다. 두피가 가려운 날은 후드티 모자를 쓴 채 자기 머리를 세게 두드리거나 후드티 모자 사이로 손을 넣어 벅벅 긁었다. 그런 모습이 답답해서 모자를 벗으라고 하면 사랑이는 추워서 싫다고 했다. 어쩌다 모자를 벗었을 때 사랑이의 머리카락은 산발 그 자체였다.

사랑이는 책상 위에 여러 가지 물건을 항상 놓아두었다. 필통, 물통, 풀, 자, 인형, 이런저런 물품을 담은 작은 가방 등이다. 이런 물건만으로도 책상이 복잡한데 공부할 때 이 물건을 치우지 않았다. 공부 시간이 되면 책을 준비하지만, 항상 책과 공책 위에는 그림 그리는 공책이 놓여 있었다. 가방에는 작은 애착 베개도 있는데 그것마저 책상 위에 올라오는 날은 보는 내가 다 답답했다.

사랑이는 항상 손에 뭔가를 만지고 있었다. 목공풀을 책상 한 귀퉁이에 부어서 반죽하듯이 휘휘 저었다. 풀이 어느 정도 굳으면 동글동글하게 만들어 책상에 파인 홈에 나열했다. 학급에 비치된 자석 상자에서 장구 자석을 가져다가 책상 위에서 자석 놀이를 하곤했다. 테이프를 가져다가 여러 겹 붙여서 상자를 만들기도 했다. 어떤 날은 가위로 종이를 조각조각 자르거나, 가져온

인형의 털을 다듬기 위해 인형 털을 깎았다. 수업 시간에 교사의 눈치를 보면서 하는 행동들이었다.

이런 사랑이랑 나는 3월 한 달을 실랑이를 하면서 보냈다. 가장 큰 문제는 화장실이었다. 사랑이가 화장실에서 많은 시간을 보내지 않기 프로젝트가 시작되었다. 아침 자습 시간에 화장실을 가면 따라갔고 늦으면 화장실 앞에서 빨리 나오라고 독촉했다. 수업 시간에 화장실을 갔는데 10분이 지나도 돌아오지 않으면 아이들에게 양해를 구하고 화장실에 데리러 갔다. 영어 교과, 실과 교과 시간에도 따라가서 화장실을 가는지 살피고, 화장실을 가면 그 앞에서 기다렸다. 화장실을 가는 사랑이가 핸드폰을 들고 가는지 아닌지도 살펴야 했다.

이런 날이 계속되니 어떤 날은 화장실에서 시간을 보내는 사랑이를 모른 척하기도 하고 어떤 날은 교실이 떠나갈 듯 소리치며 혼을 냈다. 편지로 내 마음을 전하기도 하고 어떤 날은 내 감정을 추스르고 사랑이를 설득하기도 했다.

제멋대로인 아이, 그렇게 혼나면서도 변하지 않는 아이, 자기가 원할 때 수업에 참여하고 수업하기 싫으면 교사의 신경을 거스르는 행동으로 시선을 끄는 아이. 정말 화나고 부담되는 아이였다. 하루에 몇 번을 온탕과 냉탕을 오가는 느낌이었다. 그래서 사랑이가 나에게 다가올 때면 나는 미간을 찌푸렸다.

이런 실랑이 속에서 그나마 희망을 가진 것은 사랑이가 큰 틀을 벗어나지 않는 것이었다. 서러우리만치 교사에게 혼나도 반항하지 않았다. 그렇게 혼나고도 자기 마음이 수그러들면 교사에게 말을 걸어왔다. 적극적인 수업 참여의 모습은 보이지 않았지만, 한마디씩 툭툭 내뱉는 말 속에서 교사의 말이나 친구의 말을 듣고 있음을 알 수 있었다. 그래서 골치 아픈 사랑이의 태도에 화가 많이 났지만 모른 척하기보다 적극적으로 직면하기로 마음먹었다.

사랑이에게 다가가기

국회의원 선거를 하루 앞둔 날 사회 시간이었다. 사랑이는 전날에 이어 장구 자석에 붙일 뭔가를 만들기 위해 목공풀로 반죽하고 있었다. 나는 아이들에게 민주정치 발전의 내용으로 선거에 관해 이야기했다. 마침 국회의원 선거가 있었고 그날이 휴업일이니 각자 부모님을 따라 투표소에 방문하기를 권했다. 뜬금없이 사랑이가 풀이 묻은 손을 들더니 "나는 엄마가 미용실을 하고 있기 때문에 투표소에 못 가요. 우리 엄마는 일해야 해요."라고 말했다. 사랑이는 나의 이야기를 듣고 투표소에 갈 수 없는 상황을 말하고 싶었던 것 같다.

4학년 때 친했던 친구와 1년 만에 한 반이 되었지만, 그 친구와의 관계가 옛날과 같지 않았다. 그 친구를 해바라기처럼 바라보는 사랑이는 그날도 쌀쌀맞게 대하는 친구에게 상처받았는지 나에게 다가왔다.

"나는 친구 필요 없어요."

"꼭 친구가 필요한 건 아니지만 있으면 좋지."

"아니에요. 엄마가 원래 인생은 혼자라고 했어요. 혼자 잘 살면 돼요."

하고는 자기 자리로 돌아갔다. 아마도 사랑이가 친구 때문에 속상한 마음을 엄마에게 전했을 것이고 사랑이 엄마는 별거 아니라는 듯이 말씀을 해 준 듯하다. 사랑이는 엄마가 해 준 그 말에 기대어 친구에게 속상했던 마음을 스스로 추스르는 듯했다.

과학실험을 끝내고 교실로 돌아오는 길이었다. 친구들이 다 교실로 앞서거니 뒤서거니 나서는데 사랑이는 늑장을 부리며 천천히 올라갔다. 나는 사랑이 뒤에서 천천히 따라갔다. 4층에 다다르자, 사랑이는 복도 벽면을 천천히 둘러보았다.

친구란
내 초라함을 덮어주고
내 모자람을 채워주고
내 기쁜 일을 축하하고
내 슬픈 일에 울어주고
내 잘한 일에 칭찬하고
내 나쁜 일에 충고하는

사람이다.

라는 글귀가 있었다. 천천히 벽면을 둘러보던 사랑이가
"선생님! 이건 친구가 아니라 엄마 아니에요?"라고 물었다.

난 순간 당황했다. 복도를 드나들면서 이 문구를 봤지만 눈여겨본 적이 없었다. 사랑이의 질문 이후로 나는 이 글을 읽을 때마다 친구 대신에 엄마를 넣어보았다. 정말 엄마가 더 어울리는 문구였다. 사랑이는 이 시를 보면서 왜 엄마를 떠올렸을까? 사랑이에게 엄마는 어떤 존재일까? 사랑이의 어머니는 어떤 사람일까? 궁금함이 생겼다.

4.16 계기 수업을 하는 날이었다. 4.16 참사를 겪은 부모들이 아이들에게 보내는 영상 편지를 보여주었다. 몇몇 아이들이 탄식하거나 눈물을 훌쩍였다. 각자의 소감을 포스트잇에 적어 풍선 달린 배 모양의 그림에 붙였다. 쉬는 시간에 사랑이가 나에게 다가왔다.

"선생님 오늘 점심 안 먹을래요."
"왜?"
"집에 가고 싶어요. 엄마가 보고 싶어요."

'엄마가 보고 싶다고?' 순간 어떻게 대답해야 할지 몰라 당황하던 나는 빙긋이 웃으며 등을 토닥였다. 나는 사랑이가 또래 6학년 아이들과 달리 엄마에 대한 마음이 각별하다는 것을 느꼈다.

사랑이를 위해 내가 할 수 있는 일

골치 아픈 사랑이를 더 알고 싶어 상담 선생님을 찾아갔다. 사랑이에게 어머니의 존재가 어떤 의미인지 궁금하기도 했고 어머니가 사랑이의 변화에 도움을 줄 수 있는 분인지 궁금했다.

학급에서 일어난 사랑이에 대한 이런저런 이야기를 전하면서 사랑이의 어머니가 어떤 분인지 여쭤보았다. 상담 선생님은 사랑이가 3학년 때부터 문제 행동이 드러나서 학교에서 관심을 갖고 지켜보고 있었고 작년에는 어머니의 동의하에 상담을 시작할 수 있었다고 했다. 사랑이 어머니와 상담 선생님의 라포르가 형성되면서 작년에 사랑이 어머니랑 거의 하루에 한 번꼴로 전화상담을 하셨다고 했다. 사랑이 어머니가 약간의 우울감이 있었으나 작년에 스스로 인식하고 개선 중이라고 말했다.

사랑이 어머니에게 아이에 대해 부탁하는 전화를 드리면 수용할 수 있는 분인지 알고 싶다고 말씀드렸다. 상담 선생님은 사랑이 어머니가 작년부터 안정감을 찾아가고 있어서 충분히 들어 주실 거라고 했다.

사랑이 어머니에게 전화했다. 내가 상상한 목소리보다 높은 톤에 명랑한 느낌의 목소리였다. 서로 인사를 나누고 3월 한 달 동안 지켜본 사랑이 이야기를 조심스레 꺼냈다. 사랑이 어머니는 공감과 함께 스스럼없이 자신의 이야기를 들려주었다.

사랑이의 엄마는 초등학교를 또래들보다 3살 많을 때 들어갔다고 했다. 어릴 때 또래 관계를 잘 맺지 못했고 친구가 없었다고 했다. 중학교 가서도 동생뻘 되는 동기들 앞에서 혼나는 것이 속상하고 힘들어서 학교를 그만두고 검정고시를 치렀다고 했다. 스스로 자존감이 높았다고 생각했었는데 20대에 자신에 대해 돌아보면서 자존감이 떨어지고 우울감을 느끼기 시작했다고 했다.

많은 나이에 결혼하고 늦은 나이에 낳은 아이가 사랑이인데 어릴 때부터 예민하고 고집이 세서 키우기가 힘들었다고 했다. 사랑이를 낳기 전 조카를 맡아 키운 적이 있는데 수월하게 키운 경험이 있어 아이를 잘 키울 자신이 있었다고 했다. 그러나 사랑이는 어릴 때부터 예민해서 뜻대로 되지 않았다고 했다. 가게에서 일을 할 때도 사랑이의 방해로 일이 힘들기도 했다고 한다.

똑똑한 사람이 되고 싶었던 사랑이 어머니는 사랑이를 똑똑한 아이로 키우고 싶었지만, 아이의 성향이 자신이 원하는 대로 되는 아이가 아니었다고 했다. 점점 자랄수록 사랑이가 보여주는 말과 행동, 성격이 자기를 너무 닮았다는 생각이 든다고 했다.

어머니는 첫 전화에 한 시간가량을 자신이 살아온 이야기, 사랑이를 키우면서 힘들었던 이야기를 했다. 나는 그동안 살펴본 사랑이가 엄마에 대해 각별한 애정을 품고 있었음을 전했다. 사랑이가 엄마를 통해 세상을 보는 것 같다고 했다. 엄마를 생각하는 마음이 큰 사랑이에게는 교사의 말보다는 엄마의 말이 더 중요하게 인식되는 것 같아서 당분간 어머님의 도움이 많이 필요하다고 말했다.

"핸드폰을 가져오는 날과 가져오지 않는 날 사랑이의 학습 태도와 학교생활 모습이 아주 달라요. 그래서 핸드폰을 보내지 않았으면 좋겠습니다. 사랑이가 핸드폰을 가지고 등교하게 된다면 저에게 미리 문자를 보내 주시면 제가 핸드폰을 보관하겠습니다. 더워도 후드티 모자를 벗지 않아요. 머리가 가려워 엄청나게 긁는데도 모자를 벗지 않습니다. 후드티를 가급적 입히지 않았으면 좋겠습니다. 아침에 쉽진 않겠지만 최대한 일찍 서둘러서 학교에 왔으면 좋겠습니다. 아침 자습 시간에 친구들이 삼삼오오 모여서 이야기하며 하루를 시작합니다. 근데 사랑이는 자주 지각하니 교실에 들어설 때 어색해서 그런지 자리에 엎드려 있는 경우가 많아요."라고 말씀드렸다.

어머니는 핸드폰을 갖고 가는 날은 꼭 문자를 주겠다고 약속하셨다. 옷은 되도록 후드 없는 티를 입혀 보내 주기로 했다. 지각은 되도록 하지 않도록 노력하겠다고 말씀하셨다.

어머님은 사랑이가 핸드폰을 가지고 학교 가는 날은 꼭 문자를 주었고 새로 핸드폰을 구입한 이후로는 아예 폰을 학교로 보내지 않았다. 핸드폰이 없으니 사랑이가 화장실 갈 일이 줄어들었다. 핸드폰으로 신경전을 벌일 필요가 없게 되었다. 월요일을 제외하고는 8시 30분쯤 학교 정문 앞에 아이를 내려주었다.

그 이후로 사랑이에 대해 의논할 일이 생기면 엄마와 자주 통화하게 되었다. 사랑이의 문제 행동에 대해 교사와 부모가 어떻게 대하면 좋을지 서로 이야기를 나누니 사랑이를 이해할 수 있었으며 사랑이를 대하는 나의 마음도 여유로워졌다. 사랑이 어머니가 사랑이에게 선생님 말씀 잘 들어야 한다고 일러주니 나를 대하는 사랑이의 태도도 많이 부드러워졌다. 사랑이와 나 사이에 사랑이가 가장 좋아하는 어머니가 지원군이 되어 주니 든든해졌다.

하루하루 살아가기

여름방학이 끝나고 개학이 다가오자 나는 사랑이를 만나는 것이 두려웠다. 방학 동안 일상이 흐트러진 것은 아닐까? 그 흐트러진 모습을 어떻게 볼까? 3, 4월처럼 화장실, 휴대폰 문제로 실랑이를 벌여야 할까?

여름방학이 끝나고 개학하는 날 사랑이는 후드티 모자를 벗고 밝은 모습으로 교실로 들어왔다. 1학기 때보다 훨씬 밝은 모습이고 애교도 부렸다.

2학기 악기동아리 기타 수업을 하는데 첫 번째 곡이 끝나고 두 번째 곡 연주를 시작했다. 사랑이에겐 두 번째 곡이 어려웠는지 사랑이가 연주를 멈추고 기타를 책상 위에 올린 뒤 자리에서 일어나 나를 향해 왔다. 화장실을 가야겠다고 한다. 참으라고 했다.

수업 시간 끝나고 가라고 했다. 옛날 같으면 입으로 중얼거리며 의자에 털썩 앉아 기타를 툭툭 쳤을지도 모른다. 모른 척 시선을 돌린 채 있으니, 기타를 치지 않고 엎드린다. 마치기 5분 전 기타 선생님이 첫 번째 곡을 한 번 더 연습하겠다고 말하니 사랑이가 일어나 기타를 들고 코드를 잡기 시작했다.

사랑이가 한고비를 넘겼구나.

점심시간 급식 줄을 서는데 사랑이가 늦게 도착했다. 늦게 도착한 사랑이에게 사랑이의 해바라기 친구 가영이가
"네 순서는 이미 지나갔으니 맨 뒤로 가!"
하며 매몰차게 얘기를 했다고 한다. 급식을 받아 오면서 화가 난 것도 같고 울 것도 같은 표정으로 나에게 그 친구의 행동이 잘못된 것이 아니냐며 속사포처럼 쏟아냈다. 사랑이가 좋아하는 친구였기가 매우 속상했나보다 싶어 사과를 받아주기 위해 사랑이와 가영이를 불러 이야기를 나누었다.
"사랑아, 아까 네가 속상했던 거 말해 볼래?"
사랑이는 가영이를 한번 쳐다보고는 "가영이한테 사과받고 싶은 게 아니라 그냥 속상해서 하소연한 거예요."라고 말하면서 눈물을 흘렸다. 자기의 감정을 물건이나 자기에게 표현했던 사랑이가 말로 자기의 감정을 드러낸 것이었다.

사랑이 참 많이 자랐네. 이렇게 말할 줄도 알고.

며칠 전 교실에 들어서니 한 아이가 다가왔다. 사랑이었다.
"선생님, 나 달라진 것 없어요."
라며 손으로 머리카락을 뒤로 넘겼다. 사랑이의 머리카락이 찰랑거렸다.
"어? 머리카락 약간 잘랐네."
"우아, 선생님은 역시 잘 알아보시네요. 애들이 아무도 못 알아봤는데."

사랑아 너 참 사랑스러운 아이구나.

참 잘했다.
골치 아픈 사랑이를 직면하기로 한 결정!
직면하고 나니 아이가 보이고 아이의 문제를 해결할 수 있는 연결고리를 찾았으니 말이다. 그 결정으로 하루하루를 살아내기로 한 내가 사랑이를 만나 하루하루를 교사로서의 삶을 살아가게 되었다.
나는 지금도 내가 선 자리에서 내가 할 수 있는 역할과 교사로서의 존재 의미를 고민하고 있다. 교사로서의 사명감으로 내 역할에 최선을 다한다면 보람된 결과가 나오리라는 기대는 하지 않기로 했다. 다만 아이들의 일상과 나의 일상이 만나는 교실에서 하루를 만들고, 한 달을 만들고, 일 년을 만들어 아이들의 삶의 아주 작은 한 점을 잘 만들어보고 싶다.

그대 내게 행복을 주는 사람

이효은

기쁨을 주는 아이

만성이를 만난 지 벌써 몇 해가 지났다. 만성이는 또래보다 키가 작지만 덩치가 있는 5학년 남자아이다. 갈색 머리, 둥글둥글한 얼굴에 뿔테 안경을 쓰고 있다. 안경 아래 눈매가 선하고 입꼬리는 조금 내려가 있다. 평소에는 무표정한 편이지만 조금이라도 좋은 일이 생기면 얼굴이 금세 환해진다. 목소리가 크고 말투나 행동이 뚝딱거릴 때가 있지만 마음이 참 곱다.

나는 만성이가 좋았다. 내가 만성이를 좋아하는 이유는 여러 가지였다.

우리 반에는 좀처럼 말을 하지 않는 남학생이 한 명 있었는데 평소에는 아무런 문제가 없지만 모둠 활동을 할 때는 같은 모둠 아이들을 무척이나 답답하게 만들었다. 무작위 뽑기로 한 달에 한 번씩 자리를 바꿨기 때문에 그 아이의 묵묵부답은 우리 반 아이들 모두의 문제였다. 나는 이 문제를 수면 위로 끌어 올렸다. 반 아이들은 저마다 자신이 얼마나 답답하고 힘들었는지를 이야기했고 앞으로 이야기를 하면 좋겠다는 바람을 덧붙였다.

하지만 단 한 명, 만성이는 달랐다. "나도 너처럼 똑같이 행동할 때가 있었어, 용기를 좀 더 가져보면 좋겠어." 나는 만성이의 말을 이어받아 용기와 기다림, 상호 배려에 관해 이야기할 수 있었다. 이렇게 마음이 따뜻한 아이를 좋아하는 일은 너무나 당연했다.

게다가 만성이는 잊을 만하면 한 번씩 감동을 주었다. 억지로 출근은 했지만, 몸이 좋지 않았다. 도무지 말할 기운이 나지 않아 한글창을 띄우고 글로 활동 안내를 했다. 오전 수업이 끝나갈 무렵 만성이가 내 자리로 슬쩍 오더니 이렇게 물었다. "선생님, 몸은 좀 괜찮으세요?" 한 번은 7월의 어느 날이었다. "선생님, 처음 만난 날이 어제 같은데 벌써 1학기가 다 가고 있어요."

내가 만성이를 좋아하는 또 다른 이유는 만성이의 유머 때문이었다. 만성이는 글자를 작게 쓰는 것을 어려워했다. 나와 함께 글자를 작게 쓰는 연습을 했지만 금세 글자는 원래 크기대로 돌아갔다. 그래서 글자를 왜 이렇게 크게 쓰냐고 물었더니 만성이가 씩 웃으며 대답했다. "선생님, 제 머리가 커서 글자도 큰 거 아닐까요?"

만성이와 둘이서 수학 공부를 하고 있는데 날파리가 날아와서 우리를 성가시게 했다. "선생님, 얘도 공부하고 싶어서 이러는 걸까요?", "우리 집에서도 발견되는데 혹시 따라온 게 아닐까요?", "혹시 죽이려고 하니까 복수하러 자꾸 오는 건 아닐까요?" 연달아 날리는 무해한 유머에 나는 신나게 웃었다.

하나만 더 소개하자면 우리 반에는 '1분 1쓰'라는 벌이 있었다. 등교 시간을 기준으로 1분 지각할 때마다 미니 빗자루 한 쓰레받기 청소를 하는데 1학기에는 지각하는 아이들에게 칼같이 벌을 줬다. 하지만 2학기에는 다소 느슨하게 풀어주었다. 지각하는 아이가 많이 없었기 때문이다. 9월 중순 어느 날, 만성이는 몇 초 차이로 아쉽게 지각했다. 문 앞에 서 있길래 들어가라고 하고는 잊어버리고 있었는데 점심시간에 미니 빗자루 한가득 쓰레기를 담아 왔다. 청소하기 싫었을 텐데 오히려 만성이 얼굴에는 웃음이 가득했다. "선생님, 청소하긴 했는데 여기 혹시 미용실이에요? 머리카락이 왜 이렇게 많이 나와요?" 내가 여학생이라고 말하며 머리를 빗어 내리자, 만성이는 "아~." 하며 고개를 끄덕거렸다. 만성이는 규칙을 잘 지키는 아이였다.

경계를 걷는 아이

만성이를 보고 있으면 가끔씩 만성이가 보이지 않는 선 위를 걷고 있다는 느낌이 들었다. "경계(境界)"의 사전적 의미는 사물이 어떠한 기준에 의하여 분간되는 한계이다. 영어로는 boundary(line), border이다. 하지만 사전적 의미만으로는 만성이를 이해하기에 부족했다. 한참을 생각하다 '우주의 끝, 몬테 비앙코와 몽블랑[1], 피부, X'를 떠올렸다. 우주처럼 그 끝이 어디인지 알 수 없지만 그래서 더 알고 싶은 아이, 알프스 산맥의 최고 봉우리처럼 어디에 속해있는지 애매하지만 몸 안과 외부 환경을 구분하는 피부처럼 꼭 필요한 아이, 제3의 성(性)인 X처럼 다수는 아니지만 어디에나 존재하는 아이, 나에게 만성이는 그런 아이였다.

나는 만성이를 3개월 이상 지켜보며 만성이가 느린 학습자가 아닐까 하는 생각을 했다. 만성이 어머니께 조심스럽게 풀배터리 검사[2]를 권유했고 이내 검사가 진행되었다. 이 검사가 만성이 어머니에게 지금까지처럼 앞으로도 아이를 잘 양육할 수 있는 마중

---

1) 알프스 산맥의 최고 높은 봉우리는 이탈리아와 프랑스의 국경선에 위치해 있다. 이 봉우리를 이탈리아에서는 몬테 비앙코(monte bianco), 프랑스에서는 몽블랑(mont-blanc)이라 부른다.
2) 풀배터리 검사(Full Battery Test)는 개인의 다양한 인지 능력, 학습 능력, 행동 등을 종합적으로 평가하는 심리 검사이다. 웩슬러 지능검사(WISC-V)를 포함하고 있어서 경계선 지능 진단이 가능하며 학습장애, ADHD, 정서적 문제 등의 진단에도 이용된다.

물이 되기를 바랐다.

검사를 권유한 근거는 세 가지였다. 첫 번째는 3월 진단평가 결과, 두 번째는 한국교육과정평가원 국가 기초 학력 지원센터에서 제공하는 느린 학습자 선별 체크리스트 검사 결과, 그리고 마지막은 담임으로서 느린 학습자를 지도한 경험이었다.

만성이를 위한 노력

만성이는 자기 학년 교과 수업을 따라오지 못했기 때문에 매년 두드림[3]학생으로 선정되었다. 담임과 방과 후 도움닫기[4] 수업을 했으며 외부 강사와도 꾸준하게 예술 수업을 했다. 협력 교사는 주 3~4회 만성이와 일대일 수업을 했는데 학교에서 만성이와 대화를 가장 많이 나누는 사람이었을 것이다.

협력 교사는 나와도 자주 대화를 하며 만성이에게 필요한 것이 무엇인지 파악한 뒤 긴 호흡으로 만성이를 지도했다. 초기에는 주로 수학을 지도했으나 기초 문해력 향상이 우선이 되어야 한다고 판단한 후에는 문해력 지도에 힘썼다. 만성이가 수업을 힘들어할 때는 교실이 아닌 도서관에 가서 책을 보거나 만들기를 했

---

3) 두드림 사업은 학교 내 다중지원팀이 기초 학력 부진 학생에게 개인 특성별 맞춤형·통합적 지원을 하는 사업이다. 대구는 모든 초등학교에서 두드림 사업을 시행하고 있다.
4) 학습지원 학생을 위한 맞춤형 학습

으며 학교 운동장에 나가 산책을 하는 등 심리 정서적인 면도 함께 보살폈다.

20여 년 전 첫 발령을 받았던 그 시절로 돌아간다면 협력 교사 제도는 어림도 없는 정책이었을 것이다. 만성이와 나는 그저 공부 못하는 아이, 지도 못하는 교사였으며 만성이 같은 부진아가 많은 학교는 기초 학력 중점학교로 강제 선정되던 시절이었다. 공부를 열심히 하지 않는 학생과 부진을 잡지 못하고 올려보내는 담임에게 부진의 책임이 오롯이 지워졌기 때문에 누군가의 도움을 받는 것은 언감생심이었을 것이다.

하지만 강산이 두 번 바뀌면서 학습 부진 문제를 해결하기 위한 기초 학력 정책도 바뀌었다. 요즘은 아이를 온갖 프로그램에 참여시켜 학교에서 가장 바쁜 아이로 만드는 사업 중심의 정책이 아닌, 담임을 포함한 학교 구성원들이 힘을 모아 한 아이를 지원하는 학생 중심의 맞춤형 정책이 이루어지고 있다. 학교 밖에서 학생을 지원하는 정책도 여러 기관의 협력을 바탕으로 꾸준하게 제도화되고 있다.

학교에는 만성이의 성장을 돕는 담임, 협력 교사, 위클래스 교사, 외부 강사, 기초 학력 업무 담당자 등이 있었으며 학교 밖 전문 기관을 통해서는 풀배터리 검사가 실시되었다.

해결되지 않는 문제

> 나는학교에가서자리에앉아
> 멍때리고있었다그리고
> 쌤이친구들과함께
> 갇다쎌카랑
> 책도봤고신났다교실
> 에서그림도그렸
> 다공부는안했다
> 행복했다.

만성이는 나와 일주일에 2번, 하교 후 40분씩 도움닫기 수업을 했다. 주로 국어를 공부했는데 띄어쓰기, 줄바꾸기, 맞춤법, 문장부호 등 어디서부터 지도해야 할지 막막했다.

글자를 쓰는 데 시간이 오래 걸렸고 꾹꾹 눌러썼다. 또래에 비해 글자가 크고 모양이 바르지 않아서 자기가 쓴 글자를 못 알아볼 때도 많았다. 문장을 보고 그대로 베껴 쓰지 못했다. 주제가 있는 글쓰기를 할 때는 쓸거리를 떠올리는 것을 어려워했고 그저 자기 생각을 나열하는 식으로 겨우 글을 썼다.

만성이는 쓰기뿐 아니라 읽기에도 어려움이 있었다. 뜸을 들이며 읽으니 또래에 비해 읽는 속도가 느렸고 읽었던 부분을 다시 읽기도 했다. 서너 문단 정도의 짧은 글을 읽고는 내용 파악을 곧잘 했지만, 전체 흐름을 파악하는 것은 힘들어했다. 소리 없이 글을 읽을 때는 항상 문장 밑에 밑줄을 그었다.

 나는 밑줄 그으며 읽기가 내용 이해에 전혀 도움이 되지 않는다는 생각이 들었고 이 습관을 고치기 위한 수업을 했다. 만성이는 자신이 어디까지 읽었는지 까먹을까 봐 습관적으로 문장에 밑줄을 긋고 있었다. 그랬기에 밑줄 없이도 글을 읽고 이해할 수 있다는 것을 스스로 확인하고는 매우 놀라워했다. 밑줄 긋는 습관은 한 번의 지도만으로 고쳐졌다. 오랜 습관 탓에 한 번씩 밑줄을 긋기도 했지만 밑줄이라고 말하면 바로 연필을 내려놓았다.

 우리는 탄력을 받아 띄어쓰기 공부를 했다. 만성이는 어디에서 띄어 써야 하는지 아에 모르지는 않았으나 실제 문장을 쓰면서는 띄어쓰기까지 신경쓰지 못했다. 신경을 써도 그때뿐인 것을 보니 글자를 바르게 쓰는 것부터 연습해야 할 것 같았다. 서두르지 않고 만성이의 속도에 맞춰 수업을 진행했다.

 하지만 문제는 따로 있었다.
 만성이가 모둠 활동에 참여하지 못하는 것이었다. 글을 읽고 사실 질문을 각자 만든 뒤 좋은 질문을 10개 정도 추려 모둠 스케치북에 적는 수업이었다. 만성이 모둠을 유심히 지켜보았다. 만성이를 제외한 아이들은 각자 만든 질문을 서로 비교하며 좋은 질문을 선정하기에 바빴지만 만성이는 아무 말 없이 그저 앉아만 있었다. 모둠의 한 아이가 내 시선을 의식하고는 재빨리 만성이에게 뭔가를 말하며 매직을 쥐어 주었다. 하지만 만성이는 무엇을 해야 하는지 모르는 눈치였다.

만성이가 모둠 활동에 참여하지 못한 이유는 글을 반밖에 읽지 못했고 내용 파악도 하지 못해서였다. 그런 상황에서 교사가 자꾸 쳐다보니 모둠의 한 아이가 만성이에게 네임펜을 쥐여주며 공책에 있는 좋은 질문을 모둠 스케치북에 그대로 베껴 쓰라고 했다. 하지만 만성이는 친구가 시킨 일을 하지 못했고 그저 친구들의 활동을 지켜보거나 멍하게 있었다.

때로는 모둠 활동이 만성이를 속상하게 만들었다. 평소 친구들이 자기와 같은 모둠이 되는 것을 싫어하는데 오늘도 그런 일이 생겼다고 말했다. 구체적으로는 재우가 자신이 실험 도구를 잃어버린 것에 화를 냈고, 소민이가 말하라고 자꾸 재촉한다는 것이었다.

재우와 소민이를 불러 어떤 상황이었는지 물어보았다. 재우는 만성이 때문에 실험이 제대로 되지 않아서 화를 낸 것은 맞지만 수업이 끝나기 전에 사과했다고 말했다. 소민이는 모둠 번호 순서대로 말하기를 할 때 만성이가 생각한다며 시간을 너무 끈다고 했다. 그래서 말하고 싶어도 하지 못하는 사람이 생기는데 생각이 잘 나지 않을 때는 그냥 '패스'[5]를 하면 좋겠다고 했다.

만성이를 불러 재우와 소민이가 왜 그랬는지 설명하며 화를 내고 재촉했지만 너를 싫어해서 그런 것은 아니라고 알려 주었다. 못 믿겠으면 선생님과 함께 직접 친구들에게 물어보고 확인을 하자고 했지만 만성이가 원하지 않았다. 사건은 그렇게 일단락되었다.

하지만 이번에는 내가 생각이 많아졌다. 나는 느린 학습자인 만성이가 모둠 수업을 할 때 느끼는 부담을 걱정하여 1학기 초부터 패스를 허용했다. 그런데 만성이는 패스 사용을 망설이는 것 같았다.

"만성아, 패스해도 되는데 왜 안 했어?"
"음…! 저는 패스를 자꾸 하는 건 친구들에게 피해를 준다고 생각했어요."

예상하지 못했던 대답이었다. 동시에 친구들에게 피해를 주지 않으려고 했던, 모둠 활동에 참여하고자 했던 만성이의 행동이 오히려 모둠 활동에 방해가 되는 현실이 안타까웠다. 만성이는 자리로 돌아갔지만 만성이의 대답은 내 머릿속과 가슴 어딘가를

---

[5] 다른 친구의 이야기를 경청한다는 조건으로 문제에 대해 잘 모를 때나 생각이 정리가 되지 않았을 때 발표를 하지 않고 넘어가는 것

계속 맴돌았다.

말하고 어울리며 배우는 아이

만성이의 말을 곱씹으며 질문을 하나둘 만들었다. 만성이에게 배운다는 것은 무엇이며 무엇을 우선적으로 배워야 할까? 만성이는 교사와의 일대일 수업, 친구들과 함께하는 모둠 활동을 어떻게 받아들이고 있을까? 만성이는 언제, 어떤 방법으로 더 잘 배울까? 만성이에게 교실 안과 교실 밖의 배움은 같을까?

답답한 마음에 이 책 저 책 뒤적이다 눈에 들어오는 한 문장을 발견했고 몇 번이고 소리내어 읽었다.

현장의 교원들은 외부로부터 전해진 정형화된 교수법의 공학적 소비자가 아니라 학생 각자에게 알맞은 수업을 탐구하고 실천할 수 있는 예술적 전문가가 되어야 합니다.

나는 만성이를 무척이나 좋아했지만 내 수업에 느린 학습자, 만성이는 없었다. 수업하며 만성이까지 챙기는 것이 현실상 불가능하다고 여겼다. 수업할 때 아이들 입에서 나오는 '아~.' 하는 탄성은 나를 신나게 했고 그럴 때마다 좀 더 어렵고 생각을 많이 해야 하는 질문을 던졌다. 만성이에게 미안한 마음이 들었지만,

협력 교사와의 일대일 수업, 도움닫기 수업, 수업 중 여유가 날 때 하는 개별 지도로 미안함을 상쇄시켰다.

그런데 만성이가 친구들과 말하고 어울리며 배우는 아이라면 만성이는 특정 교과, 수업 시간과 관계없이 무엇이든 언제든지 배울 수 있는 것이 아닌가 하는 생각이 들었다. 교과 지식을 가르치는 것보다 만성이가 자연스럽게 말하고 어울릴 수 있는 교실을 만드는 것이 만성이를 위해 내가 할 수 있는 일이라는 생각이 들었다.

먼저 만성이가 무엇을 잘하고 좋아하는지, 어떤 활동을 할 때 즐거워했는지 떠올렸다. 한 달 전 아이들은 텃밭 선생님과 환경 관련 프로젝트 수업을 끝냈고 수업에 대한 만족도가 높았다. 나는 아이들에게 배운 내용을 PPT로 만들어 폼나게 개인 발표를 하자고 제안했다. 아이들은 일주일 동안 교사와 친구들의 도움을 받으며 열심히 PPT 자료를 만들었고 틈틈이 발표 연습을 했다. 만성이도 협력 교사의 도움을 받으며 열심히 발표를 준비했다.

개인 발표하는 날, 아이들은 긴장했지만, 최선을 다했고 발표 후에는 자신이 해냈다는 사실에 꽤나 뿌듯해했다. 만성이도 마찬가지였다. 만성이는 꽤 어려운 단어를 사용하면서도 발표 내용을 쉽게 전달하였고 자료에 없는 내용은 말로 추가 설명하였다. 또 PPT 자료에 없는 내용을 친구가 질문했을 때 적절한 대답을 하여 자연스럽게 큰 박수를 받았다. 만성이에게 어떻게 PPT에 없는 내용인데도 대답했냐고, 자료 조사를 많이 했냐고 물어보니 자신이 텃밭 가꾸기를 잘하고 좋아해서 답할 수 있었다고 했다.

 말하고 어울릴 수 있는 교실을 어떻게 만들 수 있을지 고민하던 즈음, 국어 독서 단원을 마무리하는 수업을 했다.
 나는 아이들에게 이전과 다른 발표를 해 보자고 제안했다. 글 속 인물의 말과 행동에 대한 자신의 소감을 적은 뒤 최대한 글을 보지 않고 친구들을 바라보며 발표를 하자고 했다. 소감글은 감정, 연상, 성찰, 적용의 단계에 맞춰 작성하라고 안내했다. 드디어 책상을 교실 가장자리로 밀고 의자로 큰 원을 만든 뒤 줄줄이 발표를 시작했다. 만성이의 발표 내용은 교사가 안내한 감정, 연상, 성찰, 적용과는 거리가 멀었다. 하지만 소감글을 보지 않고 발표를 했고 친구들의 박수를 받았다.
 수업 후 아이들의 소감글을 살펴보던 나는 만성이의 소감글을 보고 놀랐다. 1분 이상 꽤 길게 발표했는데 소감글은 달랑 3줄이었다. 다른 아이들이 자신의 소감글에서 키워드를 뽑아 외운 뒤 다시 살을 붙여 말했다면, 만성이는 머릿속 생각을 바로 말로 표현한 것이었다. 그리고 소감문 뒷장에 발표 수업에 대한 만성이의 생각이 적혀있었다. "내 생각을 말할 수 있었고 친구들의 마음도 알 수 있었다. 발표의 즐거움을 알 수 있었다. 재밌었다."

기쁘고 감동스러웠다. 그러나 한편으로는 불편했다. 만성이를 책상에 앉혀 놓고 국어, 수학, 수행평가 등 인지적인 부분만을 가르쳐서는 안 되었다. 나에게 익숙한 그래서 문자를 매개로 한 학습 지도만 했다는 사실은 학습, 배움, 교육에 대한 내 생각이 좁았음을 보여주기에 충분했다. 순간 시간이 꽤 흘렀음에도 불구하고 비교적 또렷하게 남아있는 3월 초 친구 알아가기 활동이 떠올랐다.

  아이들은 첫째인 친구 찾아 하이파이브 등과 같은 쉽고 재미있는 미션을 수행하며 활발하게 교실 안을 돌아다녔다. 서로 질문을 주고받으며 웃고 떠든다고 교실 안은 시끌벅적했다.
  만성이는 아이들과 멀지 않은 곳, 혹은 아이들 주변을 두리번거리며 서 있기만 했다. 만성이는 먼저 다가가서 질문하지 않았다. 서명을 많이 받기 위해 전략적으로 다가오는 친구들과 아주 가끔 이야기를 주고받을 뿐이었다. 활동하는 친구들을 지켜보며 활동이 끝날 때까지 자기 자리로 돌아가지 않았.
  하교하는 만성이에게 오늘 친구 알아가기 활동이 어땠는지 물었다. 소외되었다고 느낄까 봐 걱정되었기 때문이다. 하지만 만성이는 재미있었다며 친구들과 대화를 많이 해서 좋았고 직접 하는 것도 좋고 직접 하는 것만큼 지켜보는 것도 좋다고 했다. 내 입장에서 재미없었을 것이라고 지레짐작했는데 아니었다.

만성이의 입장에서 그날의 활동을 글로 나타낸다면 이렇지 않았을까?

친구들이 돌아다니며 웃고 떠드는 것을 보니 재미있었다. 강이가 나에게 다가와서 첫째냐고 물어봐서 아니라고 하니 그냥 돌아갔다. 그러고는 한참을 친구들이 뭘 하는지 봤다. 들이는 돌아다니면서 자꾸 소리를 지르는데 웃기다. 바다가 와서 질문을 했고 나도 질문을 했다. 우리는 서로 질문 옆에 이름을 적었다. 나는 학습지에 친구들 이름을 많이 쓰지는 못했다. 그래도 친구들과 이야기를 많이 해서 재미있었다. 공부를 안 해서 좋았다.

만성이는 아이들과 같은 활동을 하는 것을 즐기고 어울리며 말하는 것을 좋아하는 아이였다. 만성이에게는 직접 하는 것과 그저 친구들의 활동을 지켜보는 것에 큰 차이가 없으며 둘 다 재미있는 일이었다. 경력 20년 차에 접어든 교사로서 만성이를 좋아하기만 했지, 만성이를 제대로 이해하지 못했다는 사실에 부끄러운 마음이 들었다.

접점 만들기

부끄럽고 아쉬운 마음은 만성이가 반 아이들과 연결되어 대화하고 활동하며 참여할 수 있는 환경을 만들기 위한 본격적인 고민으로 이어졌다. 가장 쉽게 할 수 있는 일부터 시작했다. 내가 먼저 아이들에게 만성이에 대해 이야기했다. 학년성을 고려하여 아이들의 교우 관계를 지켜만 볼 뿐 거의 관여를 하지 않았는데 예외를 두었다.

주로 만성이가 공부하러 가서 없는 시간에 만성이 이야기를 했다. 만성이가 공부하러 간다고 말할 때 너희가 잘 가라고 대답하면 얼마나 좋아하는지 모른다며, 말 한마디로 친구를 행복하게 해 줄 수 있는 아주 좋은 기회라고 했다. 이후로 만성이는 반 친구들의 응원을 받으며 공부하러 갔다. 만성이가 인사하기 전에 "만성아, 잘 다녀와."라고 인사하는 아이들이 생겼다.

만성이에 대한 이야기는 만성이에 대한 칭찬으로 이어졌다. 되도록 많은 아이들에게 만성이의 존재감을 드러내기 위해 공개적으로 칭찬했다. 하루는 점심 시간에 만성이가 미니 빗자루에 쓰레기를 한가득 담아왔다. "선생님, 심심해서 청소 한번 해봤어요." 나는 기쁜 표정으로 교실에 남아있는 10명 남짓한 아이들에게 큰 소리로 말했다. "얘들아, 심심하다고 교실 청소를 하는 애 봤냐? 우리 반에 그런 훌륭한 애가 있다. 바로 만성이!"라고 말하면서 내가 박수를 치자 아이들도 만성이를 칭찬하며 신나게 박수를 쳤다. 만성이는 얼굴에 웃음꽃이 피었다.

나는 만성이가 청소를 잘한다고 여러 번 이야기했는데 반 아이들이 보기에도 정말 사실이었다. 만성이는 우리 반에서 청소를 가장 잘하는 아이가 되었다. 만성이는 1학기 때에는 학급 동아리에 참여하지 않았는데 2학기에는 청소부에 들어가 교실 청소를 했다.

그러나 내가 나서서 접점을 만들어주는 것에는 한계가 있었다. 그때부터는 아이들이 자율적으로 조직하고 운영하는 학급 동아리를 눈여겨보며 만성이가 교사의 언급 없이도 친구들과 함께 활동하고 참여할 수 있는 시스템을 만들기 위해 애썼다.

9월 말 어느 햇살 좋은 날, 체육부 동아리 아이들이 작은 운동회를 열었다. 아이들은 피구, 달리기, 단체 줄넘기를 하며 무척 즐거워했다. 만성이가 그렇게 빠르게 뛸 수 있다는 것을 처음 보았다. 함께 어울려 놀며 짧게나마 대화하는 모습을 보니 3~4주에 한 번씩은 작은 운동회를 해야겠다는 생각이 들었다. 시간과 공간을 통제하는 교실 수업에서 벗어나 자신들만의 시간과 공간을 가진 아이들은 한결 자연스럽고 풍부하며 활기차게 소통했다. 그 후 3주에 1번 정도 체육부 주도의 작은 운동회가 열렸고 그때마다 만성이를 포함한 반 아이들은 매우 즐거워했다.

또 다른 학급 동아리인 학습부는 학급을 위해 하는 일이 거의 없었기 때문에 동아리 혁신 상황에 놓여 있었다. 나는 학습부 동아리 아이들을 불러 새로운 사업을 구상하든지 친구들이 스스로 배우러 오지 않으니 최소 매일 1회 이상 찾아가는 공부 서비스를 제공하라고 요구했다. 학습부 아이들은 만성이를 비롯한 몇 명의 친구를 고객으로 삼아 친구가 모르는 것을 알려 주었다.

시간이 흐르며 찾아가는 공부 서비스를 이용하는 아이들이 하나둘 사라질 때쯤 만성이는 학습부 아이들에게 큰 존재가 되었다. 학습부는 만성이 덕분에 학급을 위한 일을 요구하는 나에게 시달리지 않았고 공부를 좋아하지 않는 만성이도 친구들과 뭔가를 할 수 있는 것이 좋았는지 기꺼이 장기 고객이 되어 주었다.

세상을 알아가는 우리들

영화 포레스트 검프의 주인공, 포레스트 검프는 느린 학습자이다. 주인공의 엄마는 아들에게 '넌 다른 아이와 다를 게 없어.'라고 말하면서도 주변 사람들에게는 '우리는 모두 달라.'라고 말한다. 모순되지만 맞는 말이다. 우리는 외모, 성격, 경험, 능력치 등이 서로 다른 고유한 개성을 가진 존재인 동시에 기쁨, 슬픔, 사랑, 불안 등의 감정을 느끼고 안전과 성장을 추구하며 사회적으로 연결되고 싶어 하는 그래서 서로 다를 것이 없는 존재이기도 하다.

우리는 배움을 통해 성장하는 동시에 서로 간의 차이를 느낀다. 새로운 지식과 경험을 통해 내가 아는 것과 할 수 있는 것의 범위가 넓어진다. 동시에 나와 타인을 비교하며 서로가 가진 그릇의 종류와 크기가 다르다는 것을 알게 된다. 그 과정에서 만성이가 보이지 않는 선 위에 홀로 서 있는 존재가 아니기를 원했다. 친구를 포함한 주변 사람들과 어울림을 통해 만성이가 읽고 쓰고 셈하는 학습을 넘어 삶에 필요한 요소들을 자연스럽게 배우기를 희망했다.

반 아이들이 만성이를 자신과 다르다고 생각하며 구분 짓기보다 만성이를 통해 내가 속해 있지 않은 세상을 알고 성장하기를 원했다. 고정관념을 깨고 이해의 폭을 넓힌다면 각자의 세상이 넓어지며 할 수 있는 일이 늘어나기 때문이다.

만성이와 아이들 사이의 접점이 늘어나기를 원하는 동시에 아이들이 만성이를 일방적으로 도와줘야 하는 친구로 생각하지 않기를 바랐다. 만성이가 학급에, 자신들에게 도움이 되는 상황을 부각시키고 그런 상황을 만들기 위해 애쓴 이유가 바로 이것 때문이었다.

돌이켜보면 만성이와 반 아이들, 그리고 나, 우리 모두는 서로 말하고 어울리며 아주 조금씩 꾸준하게 각자의 세상을 넓혀갔다. 선물 같았던 그해는 멋진 아이들이 있었기에 가능했다. 교사와 친구들에게 호의적인 만성이에게, 서툴지만 그럼에도 불구하고 서로를 이해하고 배려했던 반 아이들에게 이 글을 통해 고마움을 전하고 싶다.

홀씨 되어 세상으로 나아가기

정 종 진

기다림

　방학도 반납해 가며 부지런히 움직였더니 체육관에 제법 근사한 졸업식 자리가 마련되었다. 코로나 시국에 몇 안 되는 전교생마저 모일 수 없어 6학년 아이들과 부모님들만 졸업식장에 앉았다. 그래도 아이 하나에 가족 두서너 명이 따라붙어 사진을 찍고 있으니, 분위기가 제법 활기찼다. 겨울 방학을 마친 뒤에도 민들레는 천식과 코로나19 증세로 학교에 나오지 않았다. 그래도 민들레의 어머니는 민들레가 졸업식에는 참석할 수 있을 거라 했다. 졸업식 시작 10분 전. 민들레는 보이지 않았다. 나는 암막으로 어둑해진 체육관에서 한 줄기 빛이 새어 환한 문 앞을 애타게 쳐다만 봤다.

내가 교사로서 마지막으로 근무한 학교는 대도시 외곽의 작은 학교였다. 한 학년에 한 학급 또는 두 학급밖에 없었고 한 학급에 아이들은 20여 명 남짓이었다. 내가 맡았던 6학년도 20여 명을 넘지 않았다. 하지만 아무도 우리 반을 맡으려 하지 않았다. 어른들의 도움을 받아야 할 아이들이 몇 있었기 때문이었다.

당시 나는 교감 승진 발령을 기다리는 중이었다. 그즈음 되면 더 이상 교무부장이라는 타이틀은 필요 없었다. 다만 업무 폭탄과도 같은 작은 학교의 교무부장을 기꺼이 맡을 사람이 없었다. 나는 늘 고학년을 맡아왔고 듬직한 아이들과 함께 울고 웃고 부대끼는 게 좋았다. 그래서 교사로서 마지막 봉사도 하고 아이들과 추억도 남길 겸 교무부장과 6학년 담임을 함께 맡게 되었다.

작은 학교라고 해서 업무량이 적은 것은 아니었다. 규모는 좀 작을지 몰라도 큰 학교의 40~50여 명이 해야 할 일을 10여 명이 나누어서 하다 보니 처리해야 할 일이 어마어마하게 많았다. 거기에다 학년당 한 반밖에 없어 교육과정 수립과 평가 계획, 현장 체험학습 계획과 운영까지 모두 혼자 책임을 져야 하니 그 일도 만만치 않다. 작은 학교였지만 업무든 담임이든 뭐 하나 만만한 게 없었다.

학교 업무 중 아주 큰 업무가 하나 있는데 바로 졸업식이다. 준비해야 할 일이 많다 보니 졸업 전반에 대한 계획과 장학금 등의 일은 교무부장이 하고, 아이들 지도와 사전 연습, 아이들이 남기는 말을 편집하여 동영상을 제작하는 일 등은 6학년 담임이 한다. 몇 명이 해도 버거운 졸업식 업무를 나는 혼자 해야 했고, 매번 시간에 쫓겨 방학까지 반납하고 늦은 밤에야 학교를 나설 수 있었다.

졸업식 날이 다가오자, 아이들이 나에게 다가와 6학년 졸업 기념으로 영화를 만들겠다고 선언했다. 아이들은 지난 10월에 '학교 탈출'이란 주제로 프로젝트를 수행하며 영화를 만들었다. 그런데 아이들은 마무리가 시원치 않았다고 못내 아쉬웠던 것 같았다. 나는 2월 남는 시간에 중학교 예비반 공부라도 시켜보려고 문제집들을 편집하고 있었고 내 욕심을 버리고 싶지 않았다.

나는 아이들에게 각자가 공부할 계획을 세워 그날 공부한 것을 매일매일 검사받으면, 영화를 만들게 해 주겠다며 타협안을 내놓았다. 그러자 아이들은 영화를 만들 때 개입하지 말라고 했다. 고분고분하던 녀석들이 너무 당당하게 주장하니 당황스러웠다. 그러나 지난 1년 동안 내 의도에 맞게 잘 따라준 아이들이라 믿어보기로 했다. 아이들은 1주일간 우리 반 학생 모두가 출연하는 영화를 기획하고 촬영했다. 그리고 그것을 졸업식에서 상영해 달라고 했다. 아이들은 단 한 명을 제외한 모든 아이가 영화 제작에 참여했고 스스로 공부도 일정 부분 해냈다. 물론 100%를 바란 것은 아니지만 그것만으로도 나는 고마웠다.

아이들이 만든 영화를 졸업식 전에 상영했다. 형식은 거칠어도 재미있었다. 선생님과 학부모들의 박수 소리에 나는 졸업식 시작을 알렸다. 보통 졸업식에는 6학년 담임은 하는 일 없이 단상 혹은 아이들과 함께 앉는다. 한 해 동안 고생했다는 감사의 표시이다. 그런데 나는 교무부장이다 보니 아이들과 멀찍이 떨어져 사회를 봤다. 사회자는 행사가 진행되면 세세한 부분도 빠뜨리지도 않아야 하고 발음 하나라도 틀리면 안 되었다. 또 깔끔하면서도 시작과 끝이 명확하게 지켜야 한다. 내가 아이들과 졸업의 감정을 공유하는 것은 사치였다.

졸업식이 끝나고 아이들 몇몇이 울기 시작했다. 그 아이들을 달래고 실무원 선생님들의 도움을 받아 후다닥 식장을 정리했다. 한숨을 돌리며 다시금 체육관 입구를 비집고 들어오는 한 줌 햇살을 바라보았다.

민들레는 오지 않았다.

꼬리표

민들레가 전학 오던 날 아침, 나는 모처럼 텃밭에 나가 새벽 소나기에 푸릇푸릇 손 내미는 나팔꽃이나 민들레 싹들을 바쁜 손길로 솎아내고 있었다. 배추 모종 사이로 질기게 솟아오른 이 녀석들은 곧 밭을 망칠 게 분명하므로 거침없이 목을 따고 뿌리를 파냈다. 수영 수업에 아이들을 태우고 갈 버스가 도착한 것을 확인하고 막 허리를 일으켜 세우려는데 못 보던 아이가 천천히 걸어 들어왔다. 가방을 챙겨 들고 주뼛주뼛 몇 발짝을 옮기니 질끈 동여맨 뒷머리가 미동도 하지 않았다. 약 20미터 남짓 떨어진 나에게 걸어오는 데 꽤 오랜 시간이 걸렸다.

민들레는 수영복 준비를 하지 못해 수영 교실에 갈 수 없었다. 민들레는 수영에 참여하지 않는 특수학급 소속 학생들과 함께 학교에 남았다. 그날 학생들이 모두 돌아가고 나서 특수 선생님은 민들레가 일반 학생과 다르다고 말해 주었다. 눈을 맞추려 하지 않고 이름을 물어도 대답하지 않는다고 했다. 학교를 마친 뒤, 나는 어머니가 아이를 데리고 갈 때까지 함께 있었다. 그동안 아이는 선한 눈웃음을 짓기는 했지만, 어떤 질문에도 대답하지 않고 고개를 젓기만 했다. 나는 어머니에게 이 아이가 특수학급에서 공부하지 않았느냐는 질문이 목에 걸려 있었지만 차마 뱉어 놓지 못했다. 나는 전입 첫날부터 아이를 부정적으로 바라보는 선생님이 되고 싶진 않았다.

"아니, 애가 특수아인데 그것도 몰랐어요?"
민들레가 전학 온 뒤 1주일쯤 지난 어느 날, 교장 선생님은 나를 불러 아이가 특수교육 대상자라는 공문이 왔다고 했다. 나는 아침 8시부터 수영 수업에 아이들을 데리고 다녀온 뒤라 공문을 살펴볼 시간이 없었다.

몸도 마음도 피곤하니 교장 선생님의 일상적인 이야기도 '아이가 특수아인데 어떻게 해'라는 위로의 말이 질책으로 느껴져 섭섭하기만 했다. 아마도 교장 선생님은 그렇지 않아도 보살펴야 할 아이들이 많은 반인데 하나가 더 늘어 걱정된 것 같았다. 그러나 나는 민들레가 특수아로 보이지 않았다. 단지 다른 아이들과 조금 다른 아이로 느껴졌다.

민들레와 함께 살기

민들레가 우리 반 아이들과 공부하는 첫날이었다. 아이들이 모두 교실에 올망졸망 모여 있는데 한 자리가 비어 있었다. 오늘 민들레가 늦게 오나 생각하며 무심결에 창밖을 보았다. 그때 1층 현관 앞에 힐끗 움직이는 것이 있었다. 창가에 다가가 보니 민들레였다. 현관 앞에서 제자리걸음 하듯 발을 구르며 마스크를 고쳐 쓰기도 하고 문 안으로 들어왔다가 다시 나가기도 했다.

"석진아, 나가서 민들레 데려와라."

무슨 심부름이든 시키면 좋아하는 석진이가 활짝 웃으며 1층으로 내려갔다. 잠시 후, 석진이는 난감한 표정으로

"선생님, 민들레 안 들어오는데요!"

라고 하소연했다. 고개 돌려 보니 민들레는 멀찍이 운동장 쪽에 서 있었다. 1교시 수업에 쓸 파워포인트를 고치다 몸을 일으키려니 불편한 감정이 훅 밀려왔다. 나는 2층 계단을 채 내려가지 않고 서서 들어오라고 크게 말했다. 민들레는 한참을 망설이다 학교 건물 쪽으로 다가왔다. 기다리다 지친 나는 교실에 올라와 컴퓨터를 조작하거나 학습 자료를 준비했다. 수업 종이 울렸다. 민들레는 아직 교실에 들어오지 않았다. 머리에서 스을슬 열이 오르고 있었다. 다시 내려가면 냅다 소리를 지를 것 같아 꾹 참고 있으려니 민들레가 고개를 빼꼼 내밀었다.

'휴, 다행이다.'

내가 마음이 다 놓였다. 억지로 미소를 머금으며 아이들에게 설명하려는데 민들레는 가방만 정리해 두고는 다시 뒷문으로 나가 화장실 쪽으로 가버렸다. 굳어버린 내 얼굴을 보던 우리 반 아이들이 허탈한 표정을 지었다.

그날 이후에도 민들레는 현관에서 교실까지 들어오는데 거의 20~30분이 걸렸다. 다른 아이들을 시켜 데려오기도 했지만 별로 나아지진 않았다. 민들레는 계단을 올라온 뒤에도 늘 교실 문밖에서 맴돌았다. 아이들이 말을 걸면 그것을 피해 1층까지 내려가기도 했다.

나는 아침마다 선생님들이 올린 결재 문서를 바쁘게 처리해야 했기에 항상 시간에 쫓겨 1교시 수업을 하게 되었다. 이런 나에게 교실에 들어오지 않는 민들레는 큰 골칫거리였다. 결국 나는 1교시 종이 울리면 민들레 자리를 확인하고 큰 소리를 질러 들어오게 했다. 하지만 그렇게 민들레를 교실에 앉혀 놓아도 쉬는 시간이면 화장실에 가서 종이 쳐도 교실에 들어오지 않았다.

민들레가 화장실에 있으면 문제는 더 커졌다. 내가 남자다 보니 여학생 화장실에 들어갈 수 없었기에 화장실 밖에서 민들레에게 빨리 나오라고 재촉할 수밖에 없었다. 그러던 어느 날 화장실 바깥에서 입구 문을 두들기며 수업을 시작할 거라고 말하는데 민들레가 계단으로 올라왔다. 내가 2층 화장실에서 불러대니 1층 화장실에 갔던 것이다. 결국 민들레를 불러내기 위해 보조 선생님들이 매시간 화장실에 진을 쳐야 했다.

9, 10월 두 달간 민들레와 실랑이를 벌이다 문득 민들레가 보조 선생님들의 관심이 부담스러워 교실에 안 들어오는 것이 아닌가 하는 생각이 들었다. 나는 보조 선생님께 민들레에게 직접 도와 주지 않는 것이 좋겠다고 말씀드렸다. 학교 업무와 아이들 지원으로 지칠 대로 지친 보조 선생님들은 흔쾌히 내 말을 받아 주었다. 하지만 민들레의 행동은 변하지 않았다.

어렵사리 교실에 앉은 민들레는 수업이 시작되어도 책을 펴거나 연필을 준비하지 않았다. 지적해 봤지만, 상황은 나아지지 않앉다. 그때마다 내 목소리는 딱딱하게 굳어가다가 높아졌다. 보다 못한 보조 선생님들께서 민들레의 책을 꺼내어 주거나 연필을 찾아 줬고, 결국 그것이 일상이 되어갔다.

수업 시간 중에도 민들레는 수첩에 그림을 그리거나 종이를 찢어 붙여서 만들기를 했다. 민들레는 모둠으로 모여 수업할 때도 자기 자리로 빠져있기만 했다. 나는 민들레가 아직 익숙하지 않아서 그렇겠다고 하며 모둠 활동을 권했다. 그러나 민들레는 슬쩍 미소만 흘릴 뿐 참여하지 않고, 혼자 이리저리 왔다 갔다 했다. 몇몇 아이들이 민들레에게 수업이 안 끝났는데 돌아다닌다고 훈수를 뒀다. 이내 교실은 웅성웅성해졌고, 민들레를 비난하는 소리가 여기저기 들려왔다. 나는 아이들에게 민들레의 그러한 행동이 민들레의 특성일 수 있으니 조금 두고 보자고 했다. 그러나 가장 불편한 것은 나였다.

민들레는 집에 갈 시간이 가까워지면 선생인 나를 거들떠보지도 않고 책을 주섬주섬 정리하고 사물함에 들락거리며 책상 위를 정리했다. 그다지 마음에 들지 않는 허술한 정리였지만 나름 빗자루로 바닥을 여러 번 쓸어내고 쌓인 먼지를 쓸었다. 그러고는 먼지를 쓰레기통이 아닌 재활용함에 부어버렸다. 어이가 없었지만, 나는 아무 말도 하지 않았다.

민들레는 아이들과 굳이 깊이 있는 관계를 만들려고 하지 않았다. 우리 반에는 친구의 공부를 도와주기를 목마르게 기다리는 세 명의 여자아이가 있다. 이 아이들은 1학년 때부터 같이 생활해 온 터라 서로 어려운 점을 도와주고 도움을 청하는 것에 거리낌이 없었다. 이 아이들은 민들레에게 달라붙어 분수의 개념에 대해 친절하고 꼼꼼하게 설명해 주었다. 그런데 민들레는 웃기만 하고 귀담아듣지 않았다. 아이들은 민들레가 문제를 풀어내는데 별 관심이 없자 도와주던 것을 멈췄고 더 이상 민들레에게 다가가지도 않았다. 또 그때쯤 여학생 하나가 전학을 왔고 자연스럽게 이들의 관심이 전학온 아이에게 쏠렸다. 민들레는 별로 개의치 않는 것 같았다.

화를 삭이는 나

민들레가 학급의 아이들과 잘 어울리지 못하는 것을 알고 있었지만, 민들레를 돌볼 겨를이 없었다. 수학여행, 졸업 앨범, 학교 예술 발표회, 예술 체험, 현장 체험까지 일은 해도 해도 끝이 없었다.

일에 파묻혀 지낸 두 달 동안 나는 민들레에게 그림자였다. 말을 걸기는 하되 특별히 요구하는 것은 없었다. 교실에 들어오지 않을 때 짜증을 담아 큰 소리로 고함을 몇 번 지른 게 다였다. 그마저도 민들레가 두려워하지 않을까? 하는 생각에 그만두었다. 화를 내서 될 일도 아니고, 고함을 치다 보니 진짜로 화가 치밀기도 해서 마음이 편치 않았다. 내가 이 정도 선생밖에 안 되나 하는 생각에 무기력해지기도 했다.

그래서 나는 민들레와 거리를 두었다. 그저 그렇게 놓아두었다. 내가 정신을 차려보니 민들레 때문에 힘겨워하는 보조 선생님들이 보였다. 이제 더 이상 민들레를 닭 쫓던 개 지붕 쳐다보듯 할 순 없었다. 그래, 일단 극약 처방을 해 보자는 생각에 10월 말부터는 민들레가 수업에 늦으면 큰소리로 무서운 표정을 지으며 교실로 들어오라고 했다. 그랬더니 여선생님들의 요청에는 요지부동이던 아이가 그나마 내가 더 폭발하지 않을 정도의 아슬아슬한 시점에서 줄타기하듯 교실에 복귀했다. 그러나 내가 여자 화장실 앞에 서서 큰소리로 독촉하지 않으면 여전히 자신이 원하는 시간표에 맞추어 교실로 들어왔다. 민들레는 수업이 시작된 뒤 대충 10여 분 지나면 교실 앞문에서 잠시 서성이다가 뒷문으로 조용히 들어오는데 이때 나와 애써 눈을 마주치지 않으려는 듯 고개를 돌렸다.

나는 민들레에게 '무서운 사람' 그 이상도 이하도 아니었다.

뭐라도 하자

나는 민들레가 왜 그렇게 교실에 들어오는 걸 어려워하는지 뭔가 단서라도 찾을까 해서 생활기록부를 들추어 보았다. 나는 학기 초, 아이에 대한 잘못된 선입견을 가질까 싶어 생활기록부를 잘 보지 않았다. 하지만 나는 민들레를 지도하는 게 너무 힘들었고, 다른 선생님들이 민들레를 어떻게 지도했는지 알고 싶었다.

나는 생활기록부의 기록을 본 뒤 더 혼란스러웠다. 민들레 이전 담임 선생님들은 학습도 무리가 없고 무슨 일이든 잘한다고 기록했다. 다른 선생님들은 민들레를 무리 없이 잘 지도했다는 말인가 하는 의문을 가지며 좀 더 자세히 보니 내용들이 구체적이지 않고 뭉뚱그려져 있었다. 더욱이 1학기 기록에는 '조금 더 노력하면'이라든가 '준비성이 부족하지만, 교사의 도움을 받으면 어떤 일을 수행할 수 있다' 투의 특수아에게 적어주는 표현들이 눈에 들어왔다.

나는 민들레를 특수아라고 인정하고 싶지 않았다. 단지 다른 아이들과 살아가는 방식이 다른 아이였다. 민들레를 제대로 지도하지 못해 화가 나기도 하고 막막하기도 했지만 좋든 싫든 그 아이를 데리고 함께 살아야 한다고 생각했다. 그런데 내 마음과는 달리 민들레를 어떻게 해야 할지 몰랐고, 민들레에게 신경 쓸 겨를도 없었다. 내가 이 아이에게 아무런 도움이 되지 못한다는 생각에 자괴감이 밀려왔다.

이러든 저러든 내가 할 수 있는 한계 내에서 뭐라도 하자는 생각에 무작정 관찰 기록을 시작했다. 10월 말부터 12월 중순까지 민들레를 집중적으로 관찰하고 기록했다. 이러한 기록을 토대로 관찰이 끝날 때까지 2주에 한 번은 대구에 가서 '아이 눈으로 붓돌' 선생님들과 의견을 나누고 도움을 받았다.

필드 노트에 아이의 행위를 기록하고 학교에 늦게 남아 행위 서술로 바꾸어 기록을 검토하다 보니 민들레가 어떻게 행동했는지 구체적으로 보이기 시작했다. 학교에 와서 어디를 어떻게 가고 수업에 어떻게 참여하는지 하나하나 알게 되었다.

내가 관찰을 위해 민들레 곁에 자주 다가가게 되자 민들레도 국어 시간과 사회 시간에 공책 필기도 하고 조사 학습에도 참여하기 시작했다. 그리고 내가 다가가면 웃어주기도 했다. 특히 민들레를 관찰하던 초기에는 민들레가 왜 교실에 들어오지 않는지, 왜 수업 시간 전에 화장실에 들어가 나오지 않는지 알고 싶었다. 그리고 왜 다른 사람과 눈을 잘 맞추지 못하는지도 의문이었다.

그런데 관찰 기록이 쌓일수록 민들레는 교실에도 시간에 맞춰 들어오는 횟수가 늘고 반면 화장실에서 보내는 시간이 줄기 시작했다. 게다가 나와 눈을 맞춰 이야기하기도 했다.

민들레와 함께 수업하기

민들레를 살펴보기 시작한 뒤, 나는 민들레 주위를 맴돌았다. 그러면서 국어나 수학은 민들레가 공부할 수 있는 수준으로 따로 제시하고 그것만은 충실히 할 수 있도록 격려해 주었다. 관심을 가지고 아이가 무엇을 하나 살펴보다 보니 목소리를 높이기보다 왜 그럴까 생각부터 하게 되었다.

국어 시간에 '행복한 우리 반을 위한 약속 정하기'란 주제로 실천 방법을 정하고 발표해 보는 시간이 있었다. 그 수업의 핵심은 모둠원들이 충분히 논의하고 서로의 의견을 모아 하나로 정리하여 큼직한 표어 팻말을 만드는 것이다. 대화가 핵심인 수업인데 민들레는 모둠 대화에 참여하지 않고 혼자 국어 교과서를 붙잡고 이리저리 글을 쓰더니 가장 마음에 드는 글을 지우개로 지워가며 몇 번이나 고쳐 썼다. 그리고 교과서에서 제시한 팻말에 희미하게 '욕을 줄이려고 노력하고 고운 말을 쓰도록 노력합시다!'라고 썼다. 나는 연필로 글을 써놓아서 팻말이 희미해 보이지 않으니까 네임펜으로 쓰는 게 좋겠다고 말하고 다섯 가지 색의 네임펜을 가져다주었다. 그러자 민들레는 쑥스러운 표정으로 웃어 보이더니 연필로 쓴 것을 지우고 그 위에 검정 네임펜만 이용해서 글을 썼다. 내가 열심히 했다고 사진을 찍어 보자고 했더니 웃으며 팻말을 들었다.

음악 동아리 시간에 민들레는 타악기가 놓인 구석에서 배시시 웃으면서 앉아있거나 이것저것 악기들을 만져보기도 하며 눈에 띄지 않게 앉아있었다. 민들레가 긴 시간 동안 연주도 하지 않고 앉아있는 것이 몹시 불편해 보였다. 그래서 민들레에게 흥미를 가질 수 있는 단순한 타악기들을 연습하도록 권해 보기도 했다. 그럴 때마다 민들레는 고개를 저었다.

그러던 민들레가 스스로 음악 동아리에 참가하겠다고 내게 물어왔다. 1교시 시작 전, 민들레는 아직 1층 복도에 있었다. 나는 오랜만에 목소리에 힘을 주고 교실로 올라오라고 말했다. 잠시 후, 민들레는 교실에 가방과 도시락 가방을 걸어 두더니 바깥으로 나갔다. 수업 시간이 다 되어 아이들은 음악 동아리 활동을 하러 갔지만 민들레는 교실에 돌아오지 않았다. 민들레를 찾아 이리저리 다니다가 동아리 교실 쪽 계단에서 민들레와 마주쳤다.

"선생님, 음악 동아리 아이들 어딨어요?"

민들레 스스로 음악 동아리 활동을 하기 위해 별관 3층으로 갔던 것이다. 민들레는 오늘은 체육관에서 음악 동아리 활동을 한다는 것을 몰랐다.

음악 동아리 선생님은 지난 발표회 때 아이들이 잘했기 때문에 오늘은 악기 연습을 하지 않고 게임을 한다고 했다. 첫 게임은 아이들이 번호를 선택해서 구석에 세워진 4개의 고깔 앞에 각각 줄을 서면 선생님이 번호를 추첨해서 불린 아이들을 탈락시키는 것이다. 그리고 마지막 추첨까지 남은 아이가 있으면 선물을 받는 게임이었다. 민들레는 체육관 무대 앞에 앉아 아이들을 물끄러미 지켜보았다. 게임이 두 번 정도 진행되자 게임을 물끄러미 살펴

보던 민들레가

"저도 게임하면 안 돼요?"

하고 물었다. 나는 허를 찔린 것처럼 민들레를 보다가 음악 동아리 선생님에게 민들레도 참가한다고 말씀드렸다. 그러자 민들레는 아이들이 적게 모인 고깔 쪽으로 총총 뛰어나갔다.

그 뒤에도 음악 동아리 활동이 일찍 마친 날, 선생님이 체육관에서 게임을 하자고 하자 나에게 와서 '이제 체육관 가도 돼요?'라고 물어보았다. 내가 그래도 된다고 하자 빠른 걸음으로 체육관으로 이동했다. 민들레가 늘 느리게 움직이고 있었던 것만 기억하는 내게 그것은 새로운 변화였다. 체육관에서도 땀을 뻘뻘 흘리며 게임에 열중했다. 나와 눈이 마주쳤을 때, 민들레는 체육관 바닥에 큰 대 자로 누워 버렸다. 마치 '저 열심히 하고 있어요!' 하는 듯이.

과학 시간에 선생님은 신경계를 설명하기 위해 자극이 전달되고 반응하는 과정을 설명하기 위한 게임을 진행했다. 민들레는 옆자리에 앉은 초롱이에게 '저기에 있는 주제를 어떻게 해?' 하고 작은 소리로 물었다. 당시 초롱이는 유튜브에서 인기 있던 '신병' 콘텐츠에 빠져 민들레에게 대충 적으라고 말하고 감각 기관에 '수류탄이 포물선을 그리지 않고 던졌다'라고 써놓았다. 그러자 민들레는 '전초롱 왜 그래라고 말했다'라고 말하고 서로 쓴 글을 지워가며 대화를 이어나갔다. 민들레가 학습 문제를 해결하기 위해 다른 친구에게 물어본 것은 이번이 처음이었다.

민들레는 자신이 할 수 있는 게임에는 선생님들의 지시가 없어도 스스로 참여하려는 모습을 보였다. 과학 시간에 초롱이에게 물어볼 때도 선생님이 실험관찰 책 내용을 게임이라고 설명했기 때문이었다. 게임에 참여하기 위해 민들레는 다른 아이들과 관계를 맺기 시작한 것 같았다.

민들레가 처음 연극 수업을 할 때, 참여하지 않으려는지 화장실에 오래 머무르기도 하고 별도의 장소에서 공부하기도 했다. 그런데 11월이 접어들자, 내가 굳이 가자고 이야기하지 않아도 민들레는 어느새 내 옆에 바짝 붙어 연극실로 가기 시작했다. 그리고 멀찍이 떨어져 다른 아이들의 활동을 지켜보며 틱톡에서 유행하는 춤을 추거나 복도로 사라졌다가 들어오는 횟수가 점차 줄어들었다. 어느덧 모둠 아이들에게 조금 더 가까이 다가가더니 대본을 살펴보기도 했다. 그리고 친구들이 불러 설명해 줄 때도 두말없이 설명을 들었다. 모둠 아이들은 민들레에게 대사가 없는 '서 있는 장식품' 역할을 맡겼고 짧은 시간이었지만 다른 곳에 가지 않고 교실 앞의 발표 무대에서 자기 역할을 했다. 모둠별 연극 발표가 끝나고 연극 선생님이 모둠에서 가장 잘한 사람을 뽑아보라고 하자 창가에 서 있던 민들레가 자기 모둠 쪽으로 다가왔다.

모둠원인 원영이가 웃으며 '너는 아닌 것 같아!'하고 장난기 어린 투로 말하자 민들레는 싱긋 웃더니 반대편 책상으로 물러섰다. 어쩌면 몸을 움직이며 대사를 하는 연극도 민들레는 하나의 게임으로 인식한 것이 아니었을까라는 생각이 들었다. 그리고 무엇보다 자신이 잘하고 있음을 친구들에게도 알리고 싶었을 것 같다.

너는 네 할 일 해라, 나는 내 할 일 한다

나는 좀처럼 다른 사람에게 다가가지 못하는 민들레를 늘 소극적이고 수동적인 아이로 봤다. 그러나 무슨 이유인지 알 수 없었지만, 민들레는 점점 자신을 드러냈다. 늘 수동적이고 다른 사람을 피하는 듯한 인상을 주던 아이가 변하고 있었다. 내가 굳이 큰 소리를 내지 않아도 고분고분 따르고 어떤 활동을 시작하기 전에는 허락을 먼저 받았다. 심지어 어떤 활동에서는 적극적으로 참여하고 나에게 보라는 듯 시위하기도 했다.

수업 시간에도 자신이 할 수 있다고 생각되는 일들은 하려고 했다. 특히 자신의 수준에서 할 수 있는 재미있는 일 즉, 게임 같은 것에는 규칙을 이해하려고 하고 다른 아이들이나 선생님에게 물어가면서 참여하려고 했다. 그리고 다른 아이들과 달리 자신이 할 수 있는 능력의 범위 내에서 조절해 주면 찬찬히 참여하고 나에게 결과물을 보여주며 뿌듯해했다.

점심시간에도 더 이상 특수학급이나 화장실에 있지 않고 춤추는 아이들을 구경하거나 박수를 치며 웃기도 했다. 한발 더 나아가 아이들이 하는 게임을 지켜보다 아이들의 권유에 같이 게임했다. 이런 가운데 한 달여를 지나며 점차 자기 의사를 표현하는 것을 주저하지 않게 되었다.

나는 민들레를 관찰하고 나름의 처방을 하며 수동적인 아이에서 능동적으로 변해간다고 생각했다. 그러나 실제로는 그렇지 않았다.

수업 시간에 교실에 들어가지 않는 행위, 화장실에 있거나 학교에 도착하고도 교실 주위를 빙빙 도는 행위 모두 교사의 의도와는 관계없이 자기 패턴에 따라 행동한 것이었다. 단지 그 행동이 교실에서 어울리지 않았고, 그런 행동을 본 교사가 민들레를 소극적인 아이라고 판단했을 뿐 민들레는 애초부터 '너는 네 할 일 해라, 나는 내 할 일 한다'라는 고집을 가진 아이였다. 이런 고집이 있는 아이에게 고함을 질러 내 말을 따르도록 했고, 보조 선생님들이 옆에 딱 달라붙어 억지로 하기 싫은 일을 하게 한 것이다. 민들레는 원래부터 능동적인 아이였다.

12월 어느 날, 교권 회복 사업 명목으로 나온 예산을 써야 했기에 선생님과 학교 교직원들에게 감사한 마음을 한 줄 적어 붙이고 아이들이 만든 음식 등을 대접하는 일을 했다. 보통 아이들에게 선생님에 대한 감사를 표하라고 하면 담임 선생님에게 감사를 가볍게 표현하고 그치는 경우가 많았다. 아이들 입장에서 그 기회에 좀 잘 보이자는 생각이 좀 있기도 하고 자신과 관계 맺는 여러 사람을 떠올리기 어려운 경우도 있기에 그런 것 같았다. 그래서 나는 나에게는 굳이 감사의 마음을 표현할 필요가 없다고 완강하게 이야기해 두었다. 민들레는 연필로 쓰고 그 위에 네임펜으로 덧칠해서 한참을 끄적거리더니 나에게 '6학년 1반 선생님 가르쳐 주어서 고맙습니다'라고 쓴 포스트잇을 내게 보여주었다.

민들레, 그 뒷이야기

12월을 넘긴 어느 날, 수업 시작 전에 교실 옆 복도에서 1층 현관 밖에 서 있는 민들레를 보았다. 싸늘하게 식은 공기가 민들레의 뒷머리를 흔들었다. 민들레가 마스크를 벗자, 사방으로 하얀 입김이 부서졌다. 민들레는 가래를 삼키듯 입을 굳게 다물고 목을 아래위로 저었다. 마스크 사이에 붙여놓은 거즈를 떼어 새 것으로 갈고 또 마스크를 쓰고 운동장 쪽으로 몸을 돌렸다. 짧게 기침하듯 고개를 주억거리던 민들레는 현관문을 잡아끌다 다시 돌아서서 마스크를 벗고 입 주위를 닦았다. 한 달 전만 해도 나는 민들레에게 고함을 쳤을 것이다. 빨리 들어오라고. 그러나 나는 몸을 돌려 교실로 들어갔다.

"1교시 준비하자!"

"민들레 안 왔는데요."

"곧 들어올 거야. 오늘은 내가 처음부터 많이 설명할 일이 없잖아. 어차피 다 읽은 책, 보고서 쓸 준비 해야지."

아이들은 투덜투덜하며 읽던 책을 꺼내기도 하고 공책을 준비하기도 했다. 민들레에 대해 별말은 하지 않았다.

민들레가 언제 들어왔는지 내 앞에 섰다. 내 앞에다 자기가 읽던 '전천당'이란 책을 내밀었다. 나는 제일 재미있게 읽은 부분은 펴보라고 했다. 그리고 그 부분을 공책에 옮겨 써보자고 하자 군말 없이 자리로 돌아가 글을 쓰기 시작했다.

그리고 다음 날부터 민들레는 학교에 오지 않았다. 코로나19도 의심되고 독감일지도 모른다고 연락이 왔다. 나는 민들레 어머니에게 진단서를 가져올 것을 부탁하고 창밖 아래 현관 쪽을 바라보았다. 아침마다 보던 익숙한 풍경에 민들레는 없었다.

민들레를 처음 보던 날부터 아이들 졸업식이 진행될 때까지 정말 바빴다. 교무부장의 역할로서도 학급 담임의 역할로서도 허겁지겁 하루하루를 쳐내는 느낌이었다. 아이들은 내 프로젝트 수업에 익숙해져 조사도 익숙하게 하고 PPT를 만들어 발표하거나 글을 써내는 것을 어려워하지만 잘하려는 모습을 보였다. 우리 아이들은 한 학기를 지나면서 내 의도에 맞게 차곡차곡 길들여져 서로 부담이 없었다.

그러나 민들레는 굴러온 돌 신세처럼 근 두 달간 내가 바쁘다는 핑계로 무엇을 어떻게 해야 하는지 천천히 일러줄 시간이 없었다. 물론 민들레는 다른 아이들처럼 불러놓고 말하고 과제를 확인하며 잔소리를 늘어놓는다고 바뀔 아이는 아니었다. 그러기에 당장 아이를 요란스럽게 야단치는 방식을 택했다.

지금 돌이켜보면 민들레는 나를 얼마나 힘들어했을까? 그때를 생각하면 마음이 아팠다. 나의 바쁜 업무와 내가 가진 학급 경영의 생각과 신념이 민들레를 오히려 두렵고 힘들게 한 것이다. 그러다 내가 그것들을 내려놓고 민들레를 살펴보면서 나는 아이의 세계를 조금이나마 볼 수 있었고 민들레가 의지가 강한 아이라는 것을 알게 되었다.

작은 학교는 업무가 많다. 그 많은 업무를 치러내다 보면 결국 아이들을 등한시할 수밖에 없다. 과중한 업무에 아이들 하나하나의 특성을 살피기는 쉽지 않은 일이다. 온 나라가 출산율 문제 해결에 목소리를 높이고 아이들의 교육에 투자를 하자고 말한다. 그래서 늘봄학교도 들어오고 AI 교과서도 도입하겠다고 한다. 모두 큰돈이 드는 일이다. 그런데 정말 늘봄학교와 AI 교과서가 아이들의 바람직한 성장에 도움이 되는지 모르겠다. 차라리 그 돈으로 교사들의 과중한 업무를 획기적으로 줄여주는 것이 더 좋은 방법이 아닐까.

민들레는 방학 중에 중학교 교복을 맞추지 않았다. 중학교에서는 아이 어머니가 건강상의 이유로 홈스쿨링을 할 거라고 덤덤하게 연락해 주었다. 졸업 대장에 중학교 진학 대신 '미진학'이라 써야 하나 고민도 되고 답답했다. 그러던 중 2월 말에 민들레가 친척의 손에 이끌려 학교를 찾아왔다. 교복을 맞추고 왔다는 것이다. 그분은 민들레의 어머니는 아이 걱정으로 보내지 않으려 했지만, 민들레가 중학교에 가고 싶다고 해서 부랴부랴 다녀왔다고 했다. 나는 민들레 손에 졸업앨범과 성적표, 졸업장 등을 쥐어 주었다.

그 후 6개월이 지난 뒤, 우리 반 원영이에게서 전화가 왔다. 일전에 카메라를 사고 싶다고 해서 내가 중고로 구입할 싼 기종을 알려 주었더니 고맙다고 연락이 온 것이다. 연락온 김에 까칠하고 마른 소영이와 사고쟁이 초롱이 등의 안부를 물었다. 그리고 두려웠지만 '민들레는?'하고 지나가듯 물었다.

"민들레요? 잘 살아요! 학교도 잘 나와요. 선생님들에게 칭찬도 받아요!"

나는 그 말이 너무 고마웠다. 민들레가 잘 살아줘서 고마웠고, 나에게 한 아이를 보다 깊이 있게 보는 방법을 가르쳐 줘서 고마웠다.

내가 민들레를 처음 보았을 때 이 아이를 벼리 아이로 삼는다면 '민들레'라는 이름을 붙여야겠다고 생각했다. 그때 왜인지는 모르지만, 아이를 보았을 때, 그 꽃이 딱 떠올랐다. 민들레는 그

첫인상이 소담스럽고 귀엽지만, 척박한 땅에서도 질긴 생명력을 지니고 있다. 그리고 홀씨가 되어서는 생명을 안고 이곳저곳 자유롭게 날아다닌다.

　나는 민들레가 홀씨가 되어 이 세상 온 하늘을 자유롭게 날아다니길 바란다. 그리고 그 아이는 그런 능력을 충분히 갖추고 있다고 믿는다.

헛발질로 넣은 골

이정욱

민원 유발자

승훈이는 초등학교 4학년 남자아이다. 키는 140 정도 되고 마른 편이고, 피부는 까무잡잡하고 유난히 눈이 크다. 목소리는 조금 갈라져 알아듣기 어려운데, 그에 비해 목소리는 엄청 크다.

승훈이가 다니는 새빛초등학교는 대구의 중심지에 있다. 학교 주변에는 낡은 주택들이 많고 소규모 자동차 정비업체가 빼곡히 들어차 있다. 새빛초등학교는 1940년에 개교했고 1977년에는 82학급이나 되는 큰 학교였다. 그러나 도시 중심지가 슬럼화되듯 학급수가 점점 줄어 2000년대에는 10학급까지 줄었다. 그러다 2010년쯤에 남산아파트가 들어서면서 15학급으로 늘었고 작년에는 대대적인 인테리어 공사를 해 시설이 매우 깨끗한 학교로 탈바꿈하게 되었다.

승훈이는 남산아파트에서 아빠, 엄마랑 같이 산다. 승훈이 아버지 직업은 잘 모르겠지만, 엄마의 직업은 교사이다. 그래서 그런지 승훈이의 어머니는 승훈이 학업 성적에 관심이 많다.

승훈이는 학업 성적이 우수한 편이다. 항상 다른 아이들에 비해 빨리 학습 문제를 해결하고 발표도 잘 한다. 특히 발표할 땐 다른 아이들의 눈치를 살펴가며 웃음을 유발하는 재치도 있다.

하지만 승훈이의 수업 태도는 좋지 않다. 의자에 삐딱하게 앉을 때가 많고 주로 엎드려서 문제를 푼다. 그리고 수업 시간에 혼자서 소리를 지르고 이리저리 돌아다니기도 한다. 그리고 학습 문제를 해치우듯 풀다 보니 글씨는 엉망이고 작품을 만들 때면 완성도가 많이 떨어진다.

내가 승훈이를 눈여겨보게 된 것은 아이들의 민원 때문이었다. 아이들은 승훈이에 대해 불만이 많았고, 유난히 민원을 많이 제기했다. 승훈이의 대표적인 민원을 살펴보면, 첫 번째는 물건 숨기기다.

2024년 9월 6일 목요일 08:09 승훈이 뒷문을 열고 '위~~'하고 소리치며 들어온다. 교실에는 세현이 혼자 있다.

> 승훈이는 오자마자 보드게임 사물함에 있는 기차 연필깎이를 들어 첫 번째 칸 보드게임 상자 뒤에 숨긴다. 왠지 맘에 들지 않는지 다시 연필깎이를 꺼내 아래 칸 상자 뒤에 숨긴다.(연서가 연필깎이를 못 찾게 하기 위해서인 것 같다.) 그리고는 자기 자리로 돌아가 어린이 신문을 꺼내서 읽는다.
> － 관찰 기록 중

승훈이는 아침에 일찍 등교하는데 승훈이가 교실에 들어오면 맨 처음 하는 일이 연필깎이나 원카드를 숨기는 일이다. 연필깎이를 숨기는 이유는 자폐아 연서 때문이다. 연서는 연필 깎는 것을 좋아해서 항상 연필깎이를 자기 책상 위에 둔다. 그리고 우리 반 아이들은 연필을 깎을 때는 항상 연서에게 부탁을 한다. 암묵적으로 연필깎이를 연서의 것으로 인정한 것이다. 그런데 승훈이는 이것에 동의하지 않았다. 매번 연필깎이를 차지하려고 연서와 다퉜다. 우리 반 아이들은 이런 승훈이의 행동을 못마땅해했고, 승훈이가 연필깎이를 감출 때마다 숨기지 말라고 하고, 나에게 숨기지 못하게 하라고 민원을 제기했다.

승훈이의 두 번째 민원은 게임 방해다.

> 2교시 마치고 쉬는 시간. 교실 앞 빈 공간에서 성욱, 민우, 현수, 세현이가 원카드를 하고 있고 주변에서 천수, 성태, 승훈이가 지켜보고 있다. 한참 원카드가 진행되고 있는데 승훈

이가 민우의 조커 카드를 가지고 달아난다. 그러나 몇 발자
국 못 가 아이들에게 잡힌다. 승훈이는 웃으면서 카드를 돌
려준다. 자리에 다시 앉은 승훈이는 또 조커 카드가 나오자
카드를 빼앗아 달아난다. 이를 지켜보던 민우가 교사에게 가
승훈이가 자꾸 카드를 뺏어 도망간다고 이른다.

- 관찰 기록 중

승훈이는 아이들과 어울려 보드게임이나 원카드를 하지 않았
다. 아이들이 모여서 게임을 하고 있으면 어슬렁어슬렁 나타나
게임을 방해했다. 승훈이가 게임을 방해하는 방법은 크게 3가지
이다. 첫째 게임에 사용되는 도구를 가지고 도망가기, 둘째 상대
가 할 차례가 되면 상대의 카드를 빼앗아 자기가 하기, 셋째 게임
을 하고 있는 게임장에 드러눕기였다.

승훈이의 세 번째 민워은 때리고 도망가기다.

월요일 1교시 강당 동아리 활동(3, 4학년 연합으로 운영), 교
사는 1교시 마침 종이 치자 아이들에게 화장실을 가거나 쉬
라고 한다. 이때 승훈이가 옆에 있는 성욱이를 툭 치고 도망
간다. 성욱이는 승훈이를 쫓아가다 힘들었는지 멈춘다. 승훈
이도 멈추고 다시 어슬렁어슬렁 아이들이 모여 있는 곳으로
온다. 이번에는 방긋 웃으면서 3학년 아이를 툭 치고 도망간
다. 3학년 아이는 영문을 몰라 멀뚱멀뚱 보다가 교사에게 가

서 승훈이가 자신을 때렸다고 이른다.

– 관찰 기록 중

  승훈이는 쉬는 시간이나 체육 시간 등 기회가 나면 옆에 있는 아이를 툭 치고 도망간다. 이때 승훈의 표정을 보면 항상 환하게 웃고 있는 걸로 봐서 감정이 있어서 치고 도망가기보다는 재미로 그러는 것 같다. 하지만 영문도 모르고 승훈이에게 맞은 아이들은 기분이 좋을 리 없다. 특히 학년이 낮은 동생들은 승훈이의 장난을 폭력으로 여기는 경우가 많았고, 그로 인한 민원이 끊이지 않았다.
  승훈이의 네 번째 민원은 소리 지르기다.

2교시 국어 시간. 교사는 아이들에게 평소 미안한 상대를 한 명 선택해서 마음을 전하는 글을 쓰라고 한다. 아이들은 잠시 생각하더니 글을 쓰기 시작한다. 교실은 어느새 정적이 흐른다. 그런데 갑자기 어디서 '이~~' 라는 소리가 들린다. 아이들은 일제히 웃으면서 승훈이를 바라보고, 교실은 웅성웅성해진다. 교사는 아이들을 진정시키고 계속 글을 쓰라고 한다. 잠시 후 승훈이는 다시 "누가 시끄러워!"라고 크게 외친다. 승훈이는 싱글싱글 웃는다. 교사는 물끄러미 승훈이를 바라보고 승훈이는 교사의 눈치를 보더니 글을 쓴다.

– 관찰 기록 중

우리 반에는 자폐아인 연서가 있다. 연서는 공부 시간에 혼자서 소리를 잘 지른다. 한 번씩 연서가 수업 시간에 소리를 지르면 수업 분위기가 엉망이 되는데 불행하게도 막을 방법이 없다. 그래서 나는 차선책으로 연서가 소리를 지르더라도 아이들에게 신경을 쓰지 않도록 가르쳤다. 그래서 우리 반 아이들은 연서가 소리를 질러도 수업을 잘하는 편이다.

연서가 지르는 소리는 대부분 내가 아이들이 떠들 때 하는 소리다. "누가 이렇게 시끄러워!", "누구야!" 등등. 연서가 나의 말을 따라 했다. 연서는 하루에 2시간씩 장미 반에서 특수교육을 받으러 갔다. 그런데 연서가 장미 반에 가도 교실에서 똑같은 소리가 계속 들렸다. 승훈이가 연서 흉내를 낸 것이다. 우리 반 아이들은 승훈이가 소리를 지를 때마다 수업에 방해된다며 하지 말라고 했다. 나 또한 승훈이 소리가 귀에 거슬릴 때가 많았다.

시간에 쫓기는 아이

나는 승훈이가 왜 이런 행동들을 하는지 관찰하다 승훈이가 교실의 벽시계를 뚫어져라 바라보는 장면을 많이 발견했다. 승훈이는 수업 시간에 학습 과제를 얼른 해 놓고 멍하니 시계를 바라보면서 쉬는 시간을 기다렸다. 나는 그 장면을 보면서 승훈이가 쉬는 시간에 신나게 놀 거라 생각했다.

그런데 정작 승훈이는 쉬는 시간에 신나게 놀지 못했다. 승훈이는 쉬는 시간이 되면 여기저기 들쑤시고 다닌 뒤 자기 자리로 돌아가 학원 숙제를 했다. 승훈이는 학원 숙제하느라 바빴고, 짬을 내 여기저기 들쑤시고 다닌 것이었다.

승훈이는 방과 후에 수영, 태권도, 바둑, 영어, 수학 학원에 다녔다. 승훈이 말에 의하면 영어 숙제가 많아 저녁 10시 넘게까지 숙제를 해도 다 못한다고 했다. 그래서 승훈이는 영어 학원에 불만이 많았다.

승훈이의 영어 학원 교재를 보니 중학교 수준이었다. 승훈이의 책상에는 영어 교재 말고도 수학 문제집이 있었고, 단어 암기 카드에는 중학교 3학년 수준의 단어들이 빽빽하게 적혀있었다. 승훈이는 매일 영어 학원과 수학 학원에서 내준 숙제를 하느라 바빴다. 그러다 보니 진득이 앉아서 친구들과 놀 시간이 없었다. 그래서 승훈이는 짧은 시간을 활용해 놀기 위해 아이들의 물건을 감추고 빼앗아 도망갔고, 그것도 여의찮으면 툭 치고 장난을 친 것이었다.

나는 이런 승훈이가 안타까웠다. 승훈이에게 엄마한테 학원을 좀 줄여달라고 부탁해 보라고 했다. 승훈이는 엄마한테 몇 번이나 영어 학원이 힘들다고 이야기했다고 했다. 그랬더니 엄마가 영어 학원 대신 수영을 끊었다고 했다. 승훈이 어머니는 학업에 진심인 것 같았다.

승훈이의 처지를 알고 나니 승훈이가 왜 민원 유발자가 되었는지 조금은 이해가 됐다. 하지만 계속 민원을 만들도록 내버려둘 수는 없었다. 아이들의 불만은 자꾸 많아졌고, 당장 나부터 승훈이 때문에 수업하기가 힘들었다. 그렇다고 승훈이 어머니께 승훈이가 학교에서 편하게 놀 수 있도록 영어 학원을 끊으라고 할 수도 없었다. 괜히 학부모가 시키는 사교육에 이래라저래라 했다간 잘 지내고 있던 학부모와의 관계만 더 나빠진다는 걸 경험적으로 알고 있었기에 말을 꺼내기가 조심스러웠다. 놀 시간이 없는 승훈이에게 놀 시간을 확보해 줄 방법이 없었다.

친구 만들기 프로젝트

승훈이의 민원 문제를 한 번에 해결하는 방법을 골똘히 고민했다. 그러다 승훈이에게서 특별한 것을 발견했다. 승훈이는 바빠서 친구 사귈 시간이 없었는지, 아니면 장난을 많이 쳐서 친구들이 승훈이를 싫어하는지 모르겠지만 친한 친구가 없었다. 승훈이에게 함께 놀 친한 친구가 있다면 이렇게 여기저기 들쑤시고 다니지 않을 것 같았다. 그래서 나는 승훈이에게 친구를 만들어줘 한방에 민원을 해결하기로 마음먹었다.

승훈이에게 친구를 만들어주기 위해 먼저 승훈이가 아이들과 어떻게 지내는지 자세히 지켜봤다. 가만히 지켜보니 승훈이는 자기 맘대로 아이들을 대했다. 상대를 배려한다거나 존중하는 모습은 전혀 없었다. 승훈이는 친구를 사귀는 방법을 몰랐고, 집에서 하던 대로 자기 맘대로 행동했다.

승훈이에게 친구를 사귀는 방법부터 가르쳐주어야겠다고 생각했다. 그런데 문제가 하나 있었다. 평소 까불거리는 승훈이의 성격상 조용히 불러서 친구를 어떻게 사귀어야 하는지 이야기를 해 봐야 들을 리 만무했고, 도리어 더 설치고 다닐 게 분명했다. 나는 타이밍을 기다렸다.

오늘도 승훈이는 아침에 등교하자마자 보드게임 사물함에 있던 원카드를 학습 준비물 뒤에 숨겼다. 원카드를 숨기던 승훈이는 나와 눈이 마주쳤고, 나는 빙긋이 웃었다. 그러고는 원카드를 제일 좋아하는 민우와 성욱이에게 "승훈이가 원카드를 주사위 뒤에 숨겼어."라고 알려줬다. 민우와 성욱이는 승훈이를 노려봤고, 승훈이는 나에게 "선생님, 알려 주면 어떻게 해요."라고 따졌다.

1교시 쉬는 시간, 승훈이는 원카드를 하는 성욱이의 카드를 가지고 도망갔다. 승훈이를 불러 "이번이 첫 번째 경고야. 오늘 선생님은 딱 세 번까지 참을 거야. 앞으로 조심해!"라고 경고했다. 승훈이는 나의 경고를 가볍게 무시했고 2교시 쉬는 시간에 천수를 툭 치고 도망갔다. 나는 승훈이에게 두 번째로 경고했다.

5교시 국어 시간, 승훈이는 국어 과제를 다 한 뒤 이리저리 눈치를 살피다 대각선 뒤편에 있던 성태의 오리너구리 필통을 낚아 채 뒷문으로 도망갔다. 나는 이제 타이밍이 왔다는 생각에 "승훈아!"라고 고함쳤다. 나의 고함에 승훈이뿐만 아니라 우리 반 모든 아이들이 깜짝 놀랐다. 나는 더 큰 소리로.

> 오늘 선생님이 딱 3번만 봐준다고 했지. 너는 이게 마지막이야. 아무리 좋은 말로 해도 선생님 말을 개똥으로 듣고. 선생님이 얼마나 우습게 보이면 이렇게 행동해! 나는 더 이상 네가 아이들 괴롭히게 놔 둘 수 없어. 학생 생활 규칙에 따라 너는 다른 아이들과 분리시켜야 되겠어. 당장 밖으로 나가!

승훈이는 심상치 않은 분위기를 감지했는지, 교실 밖으로 나가지 않고 연신 잘못했다고 했다. 나는 이제 사과도 필요 없고, 더 이상 봐 줄 수도 없다며 나가라고 더 큰소리로 고함쳤다. 승훈이는 몇 번이고 잘못했다며 다시는 그러지 않겠다고 했다. 나는 믿을 수 없다며 계속 나가라고 고함쳤다. 결국 승훈이는 고개를 숙이며 교실 밖으로 나갔고 나는 뒷문을 닫아 버렸다. 때마침 마침종이 쳤다.

다른 아이들을 다 하교시킨 뒤 승훈이를 불렀다.

> 승훈아! 지금 너 주변에 친구 한 명도 없지. 지금도 이렇게 바쁜데, 나중에 친구 사귈 기회라도 있겠어? 너는 지금 친구를 사귀지 않으면 영영 친구를 못 사귈지도 몰라. 그러니 지

금처럼 행동하면 안 돼. 선생님이 과제를 하나 주겠어. 지금까지 괴롭힌 우리 반 친구 중에 한 명을 선택해서 그 아이에게 용서를 구하는 거야. 네가 이 과제를 잘 해결하면 아이들과 잘 지낼 수도 있고, 친구를 만들 수도 있을 거야. 월요일까지 한 명을 선택해서 그 아이에게 어떻게 할 것인지 적어서 가지고 와.

그러자 승훈이는 인사를 꾸벅하고 집으로 돌아갔다. 그러고는 월요일 아침 다음과 같은 글을 써 왔다.

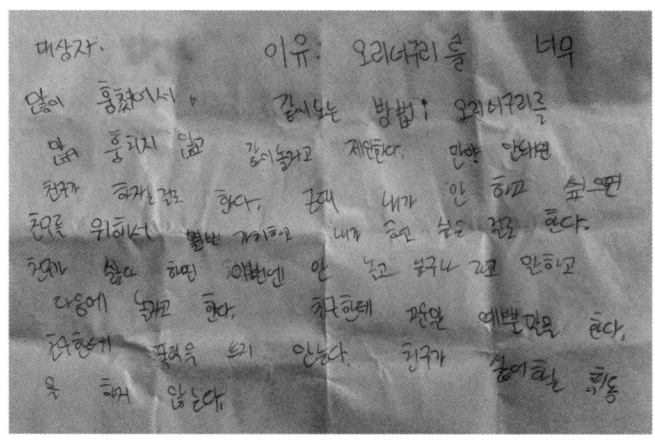

대상자 : 김성태
이유 : 오리너구리를 너무 많이 훔쳐서
같이 노는 방법 : 오리너구리를 많이 훔치지 않고 같이 놀자고 제안한다. 만약 안 되면 친구가 하자는 걸로 한다. 근데 내가 안 하고 싶으면 친구를 위해서 몇 번 같이 하고 내가 하고 싶은 걸로 한다. 친구가 싫다 하면 이번엔 인 놀고 싶구나 라고 말하고 다음에 놀자고 한다. 친구한테 고운 말 예쁜 말을 한다. 친구한테 폭력을 쓰지 않는다. 친구가 싫어하는 행동을 하지 않는다.

승훈이는 평소 성태의 오리너구리 필통을 너무 많이 훔쳐서 대상자를 성태로 선택했다. 그리고 앞으로는 오리너구리 필통도 훔치지 않고, 같이 놀자고 제안하겠다고 했다. 만일 성태가 자신이 제안한 걸로 놀고 싶지 않다고 하면 성태가 하고 싶어 하는 걸로 같이 놀겠다고 했고, 성태가 제안한 걸 자신이 하고 싶지 않을 때는 성태가 제안한 걸로 열 번 논 후 자신이 제안한 걸로 한 번 놀 겠다고 했다. 그리고 성태에게 예쁜 말을 쓰고, 폭력을 사용하지 않고 성태가 싫어하는 행동은 하지 않겠다고 했다.

승훈이는 내가 가르쳐 주지 않아도 성태를 친구로 만들 방법을 잘 써왔다. 나는 승훈이에게 이 글을 스스로 쓴 건지, 아니면 부모님이 도와주셨는지 물어보았다. 승훈이 본인이 스스로 생각해서 썼다고 했다. 나는 승훈이에게 여기 적혀있는 대로만 행동하면 성태랑 사이좋게 잘 지낼 수 있을 것이고, 성태와 좋은 친구도 될 수 있다고 했다. 그리고 여기에 적혀있는 대로 앞으로 1주일 동안 행동하고 그 결과를 다시 적어 오라고 했다. 승훈이에게 친구를 만들어주려고 한 프로젝트가 순조롭게 진행되는 것 같아 기분이 좋았고, 1주일 뒤 승훈이가 적어 올 글이 기대됐다.

어이없는 결과

1주일 뒤 나는 승훈이에게 적어 온 글을 가져오라고 했다. 승훈이는 깜박하고 집에 두고 왔다고 했다. 나는 승훈이에게 집에 두고 온 게 아니라 적지 않은 게 아니냐고 물었다. 승훈이는 강하게 집에 놔두고 왔다고 했다. 그러고는 또 1주일이 지났다. 여전히 승훈이는 글을 제출하지 않았다. 나는 승훈이에게 내일 꼭 가져오라고 했고, 승훈이는 다음날 행동한 결과를 나에게 제출했다.

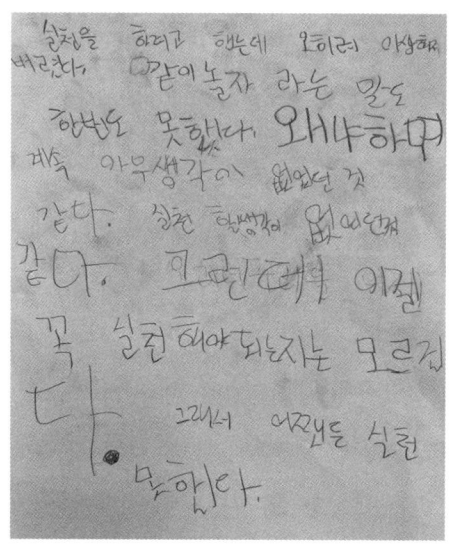

실천을 하려고 했는데 오히려 이상해져 버렸다. 같이 놀자는 말도 한 번도 못했다. 왜냐하면 계속 아무 생각이 없었던 것 같다. 실천할 생각이 없었던 것 같다. 그런데 이걸 꼭 실천해야 되는지 모르겠다. 그래서 어쨌든 실천 못했다.

나는 승훈이가 열심히 실천해 성태와 친구가 되었다는 글을 바랐다. 그런데 승훈이는 한 번도 실천을 못 했고, 왜 실천해야 하는지 모르겠다고 했다. 승훈이는 친구의 필요성을 느끼지 못했고, 그래서 아무런 실천을 하지 못했던 것이었다. 친구의 필요성을 느끼지 못하는 승훈이에게 할 수 있는 말이 없었다. 그래서 승훈이에게 앞으로 친구도 없이 아이들만 괴롭힐 건지 물었다. 승훈이는 아이들을 괴롭히지는 않겠지만 친구를 사귈지에 대해서는 말하지 못했다. 승훈이에게 앞으로 어떻게 지낼지 곰곰이 생각해서 글로 적어 오라고 했다. 승훈이는 아래와 같은 글을 적어왔다.

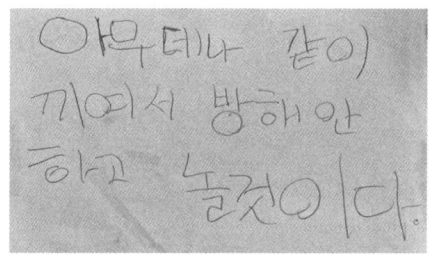

아무데나 같이 끼여서 방해 안 하고 놀 것이다.

 승훈이는 앞으로 아무 데나 끼여서 방해 안 하고 놀겠다고 적어 왔다. 나는 승훈이에게 앞으로 적어온 대로 잘 지키라고 했다. 승훈이는 인사를 꾸벅하고 돌아갔다. 승훈이에게 친구를 만들어주겠다는 나의 프로젝트는 기대에 한참 못 미치는 결과로 끝났다. 그나마 승훈이가 다른 아이들이 노는데 방해하지 않겠다는 말이 위안이 되었다.

헛발질

민원의 짐을 덜어내기 위해 친구 만들기 프로젝트를 실행했다. 그런데 결과는 또 다른 짐을 하나 짊어지게 되었다. 승훈이가 나에게 친구가 왜 필요한지 되물었기 때문이었다.

4학년 아이들이 대부분 승훈이처럼 생각하는지 궁금했다. 그래서 우리 반 아이들이 어떻게 지내는지 유심히 지켜봤다. 그런데 아무리 눈을 씻고 찾아봐도 내가 생각하는 친구 관계는 보이지 않았다. 아이 대부분이 혼자 공부했고, 쉬는 시간과 점심시간에도 혼자 다녔다. 대신 보드게임을 할 때나 운동장에서 축구나 피구 등의 활동을 할 때는 모여서 함께 놀았다. 그러다 활동이 끝나고 나면 모두 흩어졌다. 쉬는 시간이나 점심 시간에 찰떡처럼 붙어 다니는 아이들은 단 2명밖에 없었다.

처음에는 내 눈을 의심했다. 아이들이 이렇게끼지 친구가 없다는 걸 처음 알았다. 그러다 수석 선생님과 대화를 하면서 4학년 아이들이 친구가 별로 없는 이유를 알게 되었다.

> 승훈이를 보세요. 뛰어놀고 싶어 난리네요. 아직 많이 어리네요. 이런 아이들은 뛰어놀기 바빠 함께 놀 상대만 있으면 돼요. 같이 붙어 있으면 자기 주장만 강해서 도리어 싸우기만 해요. 5학년쯤 되어야 남의 말을 좀 듣고, 6학년은 되어야 서로 대화를 할 수 있어 찰떡처럼 붙어 다녀요.

수석 선생님은 승훈이처럼 한창 뛰어놀기 좋아하는 4학년 아이들은 놀 상대가 필요하지 함께 대화를 나눌 친구가 필요 없을 뿐만 아니라 아직 서로 대화를 나눌 만큼 성숙하지 못해 친구를 만들 수도 없다고 했다. 수석 선생님의 말씀을 듣고 나니 왜 우리 반 녀석들이 모이기만 하면 싸우고, 자기 필요할 때만 모였다가 흩어지는지 이해가 됐다. 4학년 아이들의 이런 특성도 모르고 승훈이에게 서로 고민을 털어놓고 진솔하게 마음을 나눌 수 있는 친구를 만들어주려고 했다. 나 혼자 열심히 골을 넣겠다고 헛발질을 했던 것이다.

뜻밖의 수확

　헛발질 후, 나는 점심시간만 되면 아이들을 무조건 운동장에 보냈다. 아이들은 마음껏 운동장에서 뛰어놀아서 좋아했고, 나는 조용한 교실에서 짧은 휴식을 취할 수 있어서 좋았다. 승훈이도 나와 약속한 대로 아무 데나! 끼어서 방해하지 않고 잘 놀았다. 아이들이 마음껏 뛰어놀아서인지 아이들의 민원은 대폭 줄었다. 헛발질이 나름 효과가 있었던 것 같았다.
　하지만 나는 여전히 승훈이 때문에 고통받고 있다. 승훈이는 여전히 공부 시간에 소리를 질렀다. 이런 승훈이를 수업 시간에 차분하게 공부하도록 하려면 학습에 대한 스트레스에서 벗어나게 해 주어야 하는데 할 수 있는 일이 없었다. 내가 할 수 있는 일이라고는 너무 시끄러우면 주의를 주는 게 전부였다.

그러던 어느 날, 승훈이 아버지로부터 전화가 왔다. 일전에 승훈이 어머니도 전화를 주셨는데 승훈이가 학교에 가기 싫어한다는 내용이었다. 승훈이 아버지도 승훈이가 학교에 가기 싫어한다고 했다. 그러면서 승훈이가 학교생활을 어떻게 하는지 물었다. 나는 최대한 조심스럽게 승훈이의 학교생활을 말했다.

> 승훈이가 쉬는 시간에 아이들의 물건을 뺏거나 툭 치고 도망치는 장난을 많이 쳐요. 수업 시간에 이상한 소리도 많이 내구요. 그래서 아이들이 승훈이를 장난꾸러기로 봐요. 사소한 분쟁도 있는 편이고요. 그리고 무엇보다 시계를 멍하게 볼 때가 많아요. 시간에 쫓기는 것처럼요.

승훈이 아버지는 연신 죄송하다는 말과 함께 집에서 시간에 맞춰서 공부를 좀 많이 시킨다고 했다. 나는 승훈이가 수업 시간에 소리를 지르거나 장난치는 것은 학업 스트레스에서 오는 퇴행 행동이라고 했다. 그리고 이 문제를 해결하기 위해서는 승훈이가 학업 스트레스에서 벗어나야 한다고 했다. 그러면서 승훈이가 영어 학원 숙제를 많이 힘들어한다고 했다. 승훈이 아버지는 저녁에 승훈이와 이야기 나눠 보겠다고 했다. 다음날 승훈이에게 물어보니 영어 학원을 끊었다고 했다.

  승훈이는 영어학원을 끊어 기뻤을 것이다. 하지만 나는 승훈이의 명현현상* 때문에 고통받았다. 승훈이는 학원 숙제가 없어지니 시간이 남아 호작질**을 더 많이 했고, 수업 시간에 더 많이 연서에게 말을 걸어 교실을 시끄럽게 했다. 그때마다 나는 승훈이에게 주의를 줬고 승훈이는 예전보다는 조금 빨리 바로 앉았다.

  승훈이는 여전히 수업 시간에 소리 지르고 친구를 툭 치고 도망갔다. 그래도 예전에 비해 빈도가 많이 줄었다. 고무적인 것은 다른 아이들이 승훈이가 장난을 걸어와도 같이 놀자는 신호로 받아들여 더 이상 민원을 제기하지 않는다는 것이다. 주변 아이들이 승훈이를 같이 놀 상대로 받아들이는 것 같았다. 지금 운동장에는 승훈이와 아이들이 서로 툭툭 치면서 열심히 뛰어다닌다. 서로 어울려 다니는 모습을 보면서 처음 볼 때보다 많이 성장한 것 같아 기분이 좋았다.

다시 시작한 친구 만들기 프로젝트

  2학기가 시작되었다. 방학 동안 승훈이가 좀 바뀌길 바랐는데 1학기랑 별반 차이가 없었다. 2학기가 되니 추석 연휴와 각종 행사 덕분에 시간이 쏜살같이 지나갔고, 어느덧 시간은 2학기의 가장 큰 행사인 교육과정 발표회 날에 가까워졌다.

학교마다 차이가 있겠지만 우리 학교에서 1학기의 가장 큰 행사는 운동회이고, 2학기의 가장 큰 행사는 교육과정 발표회였다. 교육과정 발표회는 각 반에서 1년 동안 갈고닦은 솜씨를 자랑하는 자리로 학부모를 초대해 발표회 형식으로 진행했다. 선생님들은 학부모들이 오는 만큼 이 행사를 많이 부담스러워했다.

우리 학년 선생님들도 교육과정 발표회를 부담스러워했다. 동학년 선생님들께 교육과정 발표회를 프로젝트 수업으로 바꿔서 진행하면 어떻겠냐고 제안했다. 1학기 학부모 공개 수업 때 동시 짓기를 했는데, 그 시에 리듬을 얹어 '랩'을 만드니 아이들이 정말 좋아했다. 이 수업을 좀 더 확장해 4학년 전체 아이들이 참여하는 '랩' 공연을 하자고 한 것이다.

솔직히 내가 랩 공연을 하자고 한 가장 큰 이유는 승훈이 때문이었다. 승훈이는 1학기 수업 공개 때 동시를 지어 리듬에 맞춰 멋지게 발표했다. 그리고 나에게 4학년 아이들은 어울려 노는 시간이 많아야 갈등이 줄어든다는 것을 가르쳐 주었다. 승훈이가 가르쳐 준 교훈을 되새기며, 승훈이에게는 본인이 제일 잘하는 랩 만들기를 실컷 시키고, 승훈이뿐만 아니라 다른 아이들에게는 함께 어울려 활동하면서 서로 사이좋게 지낼 수 있는 시간을 갖게 해 주고 싶었다.

두 분 선생님과 이야기해 보니, 각 반에도 승훈이와 같은 아이들이 있었고, 요즘 들어 아이들 사이에 분쟁이 많이 늘었다고 했다. 했다. 그러면서 이번 프로젝트가 이런 문제를 해결하는 데 좋은 계기가 될 것 같다며 흔쾌히 승낙해 주었다. 그래서 10월 30일 '우리의 이야기가 펼쳐지는 곳' 랩 공연을 하게 되었다.

승훈이를 위한 프로젝트 수업 설계

프로젝트 설계

우리는 '우리의 이야기가 펼쳐지는 곳' 프로젝트 수업을 어떻게 설계하고 실천할지 논의하기 위해 모였다. 우리는 먼저 이번 프로젝트 수업의 기조를 '불친절한 프로젝트'라고 정했다. 교사는 멍석만 깔아줄 뿐, 모든 것은 아이들이 해야 한다는 것이었다. 팀을 만드는 것, 랩을 만들어서 연습하는 것, 무대 의상과 소품을 준비하는 것 등등 교사는 최대한 개입을 최소화하고, 아이들이 도움을 요청해 와도 될 수 있으면 들어주지 않는 것을 수업의 기조로 삼았다.

우리는 프로젝트 기간을 2주로 정했다. 2주일 동안 2분가량의 랩을 만들고 가사를 보지 않고 무대에서 공연하는 것이 과제였다. 우리는 1주일 동안 준비한 후 중간 점검을 하고, 나머지 1주일 동안은 부족한 부분을 보완하도록 수업을 설계했다. 그래서 수업을 크게 일곱 부분으로 나눴다.

첫째 시를 만드는 수업 4시간, 둘째 시를 랩으로 바꾸는 수업

4시간, 셋째 랩을 연습하는 수업 4시간, 넷째 중간 점검 2시간, 다섯째 부족한 부분을 보완하는 수업 4시간, 여섯째 무대 소품을 만드는 수업 2시간, 일곱째 발표회 2시간 순으로 총 22시간의 수업을 계획했다. 그리고 각각의 수업은 전담 수업 시간이 달라 각 반에서 자율적으로 진행하기로 했다.

그리고 국어, 음악, 미술, 자율 활동에서 22시간을 확보하고, 발표회 성취 기준을 '[4국05-04] 작품을 듣거나 읽거나 보고 떠오른 느낌과 생각을 다양하게 표현한다. [4음03-01] 음악을 활용하여 가정, 학교, 사회 등의 행사에 참여하고 느낌을 발표한다'로 추출한 후, 수업 주제를 '경험과 느낌을 살려 작성한 시를 음악(랩)으로 표현하기'로 정했다.

프로젝트 수업 과정

첫째 시간, 아이들은 팀을 만들었다. 물론 아이들이 자율적으로 팀을 정하도록 했다. 친한 친구 몇 명이 한 팀을 만들어도 되고, 혼자 해도 된다고 했다. 그랬더니 아이들은 삼삼오오 짝을 만들어 21개 팀이 공연하게 되었다. 그중 솔로는 3팀인데 2팀이 우리 반이었다.

팀을 구성할 때 다른 반은 어땠는지 모르겠지만 우리 반은 승훈이 팀을 제외하고는 아무런 문제가 없었다. 승훈이 팀은 성태, 천수, 승기 이렇게 4명이었는데 갑자기 승기가 나에게 와 나머지 아이들이 자기보고 나가라고 했다고 했다. 그 이유를 물었더니 자기들끼리 하기로 했다는 말만 했다. 짐작건대 승기가 말도 많고 자기주장이 강해서 다른 아이들이 힘들었던 것 같았다. 나는 다른 팀원들을 불렀다. 그리고 다음과 같이 말했다.

> 나는 너희들끼리 해도 좋다고 봐. 하지만 너희가 승기보고 같이 하자고 했으니, 내보내려면 너희가 승기의 허락을 얻어야지. 지금은 팀이 다 정해져서 승기보고 나가라 하면 혼자 랩 발표를 해야 해. 이런 상황에서 너희들끼리만 하겠다고 그냥 나가라고 하는 건 옳지 않지.

내 말이 끝나자, 아이들은 돌아갔다. 결국 나머지 아이들은 승기를 설득하지 못했고, 4명이 같이 연습했다. 팀이 구성되고 나니 아이들은 팀별로 모여서 랩을 만들고 연습했다. 우리는 아이들에게 먼저 시를 다 쓰고, 시에 리듬을 붙이고, 리듬에 맞춰 노래를 부르라고 단계적으로 수업을 설계하고 안내했다.

하지만 아이들은 이렇게 단계적으로 랩을 만들지 않았다. 아이들은 시 한 소절만 쓰고 리듬을 붙이기도 했고, 리듬을 만들어 놓고 시를 쓰기도 했고, 어떤 팀은 시와 리듬은 만들지도 않은 채 춤부터 연습하기도 했다. 시간이 흐를수록 아이들이 제대로 못하는 것 같아 간섭하려다 처음 만든 수업의 기조를 되새기며 꾸욱 참았다. 아이들의 이러한 수업 흐름은 세 번째 수업까지 이어졌다. 아이들은 진짜 랩을 만드는 래퍼처럼 자신이 글을 쓰고 음을 붙이고 노래하고 춤추고 다시 수정해 가면서 한 줄씩 한 줄씩 자기들의 이야기를 만들어갔다.

두 번째 수업을 마치고 나니 팀마다 노래 제목과 가사가 대략 완성되었다. 팀마다 노래 제목과 가사가 완성되니 어떤 공연을 할지 윤곽이 들어났고, 팀마다 윤곽이 드러나자 다른 팀들이 어떻게 하는지 염탐을 하거나 괜히 어슬렁거리면서 방해하기도 했다.

우리는 1등 팀에게 10만 원 상당의 원하는 학용품을 받을 수 있는 상품권, 2등 팀에게는 7만 원 상당의 상품권, 3등 팀에게는 5만 원 상당의 상품권을 주겠다고 안내했다. 이 상품권 때문인지 팀 간에 보이지 않는 신경전도 있고, 분위기가 조금 과열되는 것 같았다.

시간이 지나자, 선생님들도 과열되기 시작했다. 하루는 두 분 선생님이 우리 반에 찾아오셨다. 1반이 벌써 랩 준비를 마쳤는데 아이들이 새로운 랩을 창작하지 않고 기존의 노래에 가사만 바꿨다는 것이었다. 처음에는 별문제가 아니라고 생각했는데 이야기를 들어보니 1반 선생님이 아이디어를 내서 아이들에게 곡도 찾아 주고 많이 도와줬던 것이었다. 2반 선생님은 교사의 개입을 최소화하자고 해서 한 번도 도와주지 않았는데 그 부분이 좀 섭섭했던 것 같았다. 1반 선생님께 조금 미안했지만, 기존의 노래에 시를 얹는 것은 랩을 만들기보다는 가사 바꾸기에 가깝다고 했다. 그러면서 우리가 하려는 것은 순수 창작활동으로 이 세상에 존재하지 않는, 온전히 이 아이들만의 것을 만드는 활동이라고 설명한 후 다시 했으면 좋겠다고 했다. 1반 선생님은 벌써 완성한 아이들이 있어 실망하겠지만 잘 설명하겠다며 돌아갔다. 다행히 큰 문제가 없었다.

세 번째 수업이 끝나자 대부분 팀이 가사를 완성했고 리듬에 맞춰 연습했다. 승훈이 팀은 팀명을 각각의 성 머리글자를 따서 'KKJW'로 정했고, 노래 제목은 '선생님의 고함'이었다. 승훈이 팀은 우리 반의 장난꾸러기 4명이 모인 팀으로 저마다 한 번씩 나에게 혼난 경험이 있고, 평소에 내가 이 녀석들에게 고함을 많이 지르기도 했다.

'선생님의 고함'은 이런 자신들의 경험과 선생님의 고함 때문에 귀에서 피가 나올 것 같다는 내용과 자신이 죽었을 때 선생님이 자신의 무덤을 보면서 환하게 웃고 있을 거라는 다소 반항적인 내용을 담고 있었다. 그리고 장난꾸러기 특유의 까불까불한 춤을 가미해서 상당히 재미있는 공연을 준비하고 있었다.

선생님의 고함
우리가 참견하면 선생님은 고함 Go!
우리 항상 시끄러워, 우린 항상 고함 맞지
줄 쓸 때 장난치면 다시 돌마무~
우리가 당하는 고함 맞지 도르마무~
싸우면 아무 말 안하고 알아서 해.
참견하면 소리쳐!
승훈이와 천수는 이미 당해 등짝 똥침.
이건 못참지~ 다시 싸워 침묵되었지
선생님이 이 노래를 마지막까지 들으면
내일 우린 국화반에서 죽은 채로 발견되겠지

그리고 우리 무덤 앞에 계시던 선생님은 기쁨에 고함을 지르셨지.
우리가 선생님의 고함을 들으며 귀에서 피가 철철 났지.
그러니까 선생님은 너무 기뻐서 우리들을 너무 시끄러워 교실 밖으로 내보냈지
우리들은 자기 공부를 했지. 엄청 시끄럽게 NOSIY하게 했지.
선생님은 장난치면 사진을 찍었지 찰칵! 그때부터 더 시끄러워졌지.
선생님은 나가라고 고함을 질렀지 그러니까 100% 조용해졌지
천수도 겁나 쫄았지. 승훈이도 겁나 쫄았지. 오줌 지렸지 쭉 우우우
우린 이제 조용히 쉿 안하면 밖으로 OUT. 그래서 우릴 참견하면 이렇게 돼!!!

〈KKJW의 소개 포스터와 가사〉

    승훈이 팀뿐만 아니라 다른 팀들도 대부분 가사를 완성하고 리듬에 맞춰 랩을 연습했다. 몇몇 빠른 팀들은 소품을 미리 가져와 실제 공연처럼 연습했고, 아직 가사를 완성하지 못한 팀은 남아

서 머리를 맞대고 골똘히 가사를 만들었다.

우리 반에서 총 6팀이 나왔는데 이 여섯 팀이 동시에 교실에서 연습하니 교실은 완전 쑥대밭이 되었다. 선생님의 고함처럼 귀에서 피가 날 정도로 시끄러웠다. 그런데 아이들은 하나도 시끄럽지 않은 것 같았다. 저마다 가사를 외워 노래하기 바빴지, 옆의 팀에게는 관심도 주지 않았다. 이렇게 열심히 연습하는 아이들의 얼굴에는 미소가 가득했다. 비록 시끄러워 죽을 것 같았지만 아이들의 모습을 보고 있으니 참 흐뭇했다.

1주일이 지나고 중간 점검 날이 되었다. 우리는 4학년 전체 아이들을 데리고 놀이 교실로 이동했다. 그리고 발표 순서대로 아이들을 앉혔다. 나는 아이들에게 공연하는 날 앉을 자리와 공연할 때의 주의 사항을 몇 가지 알려 주고 예행 연습을 시작했다. 아이들은 1주일 동안 연습한 노래를 열심히 불렀다. 세 명의 선생님은 공연을 보면서 '목소리가 작다', '성의가 부족하다', '혼자 키득키득 웃는다', '무대 매너가 없다', '자신감이 없다', '옆 사람에게 떠넘긴다' 등등 아이들 공연의 부족한 점을 알려줬다.

평소 같으면 선생님이 지적하면 못 들은 척하거나 눈을 피했을 아이들이 세 선생님이 지적 사항을 말할 때 눈을 똥그랗게 뜨고 들었다. 그리고 아이들은 다른 팀이 공연할 때 조용히 경청했고, 공연이 끝나면 힘껏 박수쳤다. 아이들은 자기들이 열심히 준비한 만큼 다른 팀도 열심히 노력했다는 걸 알고 있었고, 그 노력에 아낌

없이 갈채를 보내는 모습이 어른보다 훨씬 더 어른스러워 보였다.

　예행 연습이 끝나고 난 뒤부터 아이들은 더욱더 열심히 공연을 준비했다. 몇몇 아이들은 공연 연습하다 지쳐서 죽을 것 같다고도 했다. 아이들은 저마다 교실 구석구석에서 랩을 연습했고, 복도를 지나가면서도 흥얼흥얼 가사를 외웠다. 공연일이 다가오자, 아이들은 연습 시간을 더 달라고 했다. 나는 단호하게 안 된다고 했다. 다른 반과 형평성을 맞추기 위해 더 줄 수 없다고 했다. 그러자 아이들은 옆 반 선생님들을 찾아갔다. 나한테 말해 봐야 말이 안 통하니 옆 반 선생님께 찾아가 우리 반 선생님께 얘기해 달라는 것이었다. 결국 우리 세 명은 모여서 공연을 잘하는 것도 중요하니 각 반에서 알아서 연습 시간을 늘릴 수 있도록 조정했다.

　연습 시간 조정 회의 이후부터 복도에 아이들이 사라졌다. 세 명의 선생님은 아이들에게 연습을 잘할 수 있도록 최대한 도와줬고, 그래도 시간이 부족한 아이들은 쉬는 시간에 연습한다고 교실 밖으로 나가지 않았다.

　복도에 아이들이 없어지자 나는 복도를 지나면서 옆 반을 힐끗힐끗 봤다. 연습을 잘하고 있는지 궁금했다. 나만 궁금해하는 줄 알았는데 옆 반 선생님들도 마찬가지였다. 우리는 복도를 지나갈 때마다 다른 반은 뭘 하고 있는지 힐끗힐끗 봤고, 다른 반에 뭔가 특별한 게 있으면 자기 반 아이들에게 먼저 알려 주었다. 공연 날이 다가오자, 수업의 기조인 '불편한 프로젝트'는 '친절한 프로젝트'로 바뀌었고, 선생님들은 자진해서 첩자와 조력자 역할을 했다.

'우리의 이야기가 펼쳐지는 곳' 공연

10월 30일!

3, 4교시 놀이 교실에서 4학년 '우리의 이야기가 펼쳐지는 곳' 랩 공연이 시작될 것이다. 우리는 1, 2교시를 활용하여 놀이 교실에 앰프와 마이크를 설치하고 대형 무대 현수막도 걸었다. 그리고 교육과정 발표회 현수막과 각 반의 우수한 작품을 테이블 위에 몇 개씩 올려놓으니 제법 그럴듯한 무대가 만들어졌다.

우리는 2교시 중간쯤에 아이들을 인솔하여 놀이 교실로 갔다. 벌써 학부모들이 많이 와 계셨다. 3교시 시작종이 울리자 나는 마이크를 잡고 복도에 있는 학부모들을 다 교실로 들어오시라고 했다. 그리고 아이들이 어떻게 공연을 준비했는지, 선생님들은 어떻게 멍석을 깔아주었는지 간략하게 설명한 후 공연을 시작했다.

공연의 첫 무대는 2반에 있는 특수아인 나비가 '애벌레가 좋아'라는 곡을 노래했다. 맨 처음 순서라 많이 떨려 준비한 가사를 제대로 읽지도 못했다. 하지만 잠시 시간이 지나자 준비한 가사를 또박또박 모두 읽었다. 조용히 지켜보던 아이들과 학부모들은 노래가 끝나자, 우레와 같은 박수와 함성을 질러 주었다. 지켜보는 나도 코끝이 찡한 무대였다.

이후 차례차례 팀들이 저마다의 준비한 곡들을 노래했다. 비록 반주도 없고, 비트박스도 없지만, 아이들은 자신들이 쓴 시에 리듬을 얹어 노래했고, 그 노래에 맞춰 학부모님들은 손뼉을 치고 춤을 췄다. 어느 한 곡 신나지 않는 곡이 없었고, 한 곡 한 곡 사연 없는 노래가 없었다. 자유 시간을 더 달라는 사연, 학원을 줄여 달라는 사연, 친구들과 싸우고 화해했던 사연, 학용품을 망가트려 부모님께 혼난 사연, 친구들과의 우정, 즐거운 학교생활 등등 아이들은 저마다의 이야기를 노래 부르고 있었다.

드디어 'KKJW'의 차례가 되었다. 평소와는 달리 학부모님들이 많이 오셨는지 장난꾸러기들이 장난을 치지 않았다. 너무 진중한 자세에 내가 다 당황스러웠다. 특히 장난이 가장 심한 승훈이는 아버지와 어머니가 보고 있어서 그런지 주눅 들어 있었다. 소개 영상이 나오고 천수가 인사를 했다. 그리고 랩이 시작되었다. 초반 도입부는 성태와 승기가 노래했다. 드디어 클라이맥스 부분이 되자 승훈이가 마이크를 잡았다. 예행연습 때 승훈이는 특유의 웨이브와 다리 떨림을 선보이며 관중들을 압도했었다. 그러나 이 날 승훈이는 차분히 서서 랩만 했다. 승훈이 특유의 리듬감은 관중을 흥분시켰고, 마지막 부분을 천수가 깔끔하게 정리하여 공연을 마쳤다. 학부모님들은 'KKJW'의 공연에 아낌없는 갈채를 보내지만 미리 예행연습을 본 아이들은 승훈이의 소극적인 반응을 아쉬워하는 것 같았다.

공연을 다 마치고 학부모님들께 투표를 부탁했다. 학부모님 한 분당 다섯 팀을 적어달라고 했다. 물론 아이들에게도 투표용지를 주고 똑같이 다섯 팀을 적어달라고 했다. 그리고 투표 결과는 내일 아침에 나온다고 안내했다. 이렇게 2주일간 열심히 준비한 '우리의 이야기가 펼쳐지는 곳' 랩 공연은 마무리되었다. 아이들도 모두 좋아했고, 학부모님도 수업 참관록에 '정말 정말 수고하셨습니다', '멋진 공연 감사합니다'라며 칭찬 글만 적어주셨다. 나도 즐겁게 잘 봐주신 학부모님들이 고마웠다.

헛발질로 넣은 골

공연 결과 아쉽게도 'KKJW'는 단 한 표 차이로 4위를 했다. 승훈이 팀에서는 승훈이가 조금만 더 까불었으면 3위를 했을 것이라며 아쉬워했지만 미련은 없는 것처럼 보였다. 하지만 누구하나 승훈이를 비난하지 않았고, 공연 후에도 이 4명은 잘 어울려 다녔다. 하지만 개구쟁이 4명이 뭉치니 다니는 곳마다 문제를 일으켜서 내가 아주 힘들었다.

이렇게 아직 친구가 뭔지도 모르는 초등학교 4학년 개구쟁이에게 친구를 만들어주겠다는 나의 헛발질이 모든 아이가 친하게 지내고, 덤으로 신나게 공부하도록 한 프로젝트 수업으로 마무리되었다. 좋게 말해 헛발질로 골을 넘은 셈이었다.

 골이 잘 들어간 덕분에 4학년에는 몇 가지 변화가 생겼다. 첫째, 옆 반 아이들이 나를 보면서 싱긋 웃으며 인사를 한다. 이건 우리 반 아이들도 마찬가지다. 둘째, 세 반 선생님 모두 다른 반 아이들에게도 관심을 가지고 지켜봐 준다. 그러면서 같이 농담도 하고 때로는 조언을 건네기도 한다. 셋째, 공연 후 지금까지 사소한 것을 제외하고는 아이들 간에 분쟁이나 갈등이 발생하지 않았다. 그리고 제일 중요한 넷째, 교실과 복도가 엄청나게 시끄러워졌다. 아이들이 많이 떠들고 많이 웃는 걸 보니 학교생활이 신나는 것 같다.

 매우 시끄럽긴 하지만 아이들의 환한 웃는 모습은 너무 보기 좋다. 그리고 사이좋게 떠드는 모습도 보기 좋다. 그런데 문제는 내가 너무 힘들다. 아이들의 떠드는 소리 때문에 귀가 찢어질 것 같다. 나도 승훈이 팀처럼 '아이들의 고함'이라는 랩을 만들어야겠다.

만병통치약은 없다

김현경

독불장군이 활개 치는 교실

몇 해 전, 맡았던 규석이는 담임인 나를 매우 힘들게 했다. 교실에서 다툼이 일어나 피해를 입은 아이들은 늘 나를 찾았다. 나는 하던 일을 접어두고 다툼이 일어난 장소로 출동했다. 교실에서 일어났던 많은 사건들 중 대부분의 주인공은 규석이었다.

수업 시작종이 울리면 아이들은 교과서를 꺼내 수업 준비를 했다. 하지만 규석이는 쉬는 시간부터 읽고 있던 만화책에 푹 빠져 있었다. 내가 다가가 이야기를 해도 소귀에 경읽기였다. 수업 시작 후 10분이 지나도 그만두지 않자 나는 규석이가 보고 있던 만화책을 빼앗았다. 그러자 규석이는 소리를 지르며 책을 달라고 고집을 부렸다. 이런 경우가 하루에도 몇 번씩 이어졌다.

도덕이나 국어 시간에 역할 놀이를 할 때, 규석이는 자기가 하고 싶은 역할을 하겠다고 고집을 부렸다. 그래서 말싸움이 일어나 모둠 활동을 제대로 하지 못할 때가 많았다. 그런 일이 일어날 때마다 나는 모둠 아이들에게 규석이가 하고 싶은 역할을 할 수 있게 양보하라고 했었다.

놀이시간에 보드게임을 할 때도 규석이는 자기 마음대로 했다. 그러다 뜻대로 되지 않으면 보드게임 도구를 던지거나 친구들이 만들어 놓은 걸 망가뜨렸다. 그래서 아이들은 규석이와 함께 하는 것을 꺼렸고 아예 피했다.

어느 날 점심을 먹고 난 후, 규석이는 교실 앞뒤를 어슬렁거리다 앞쪽에서 젠가를 하는 아이들 쪽에 앉았다. 그런데, 채 5분도 지나지 않아 "선생님, 규석이가 우리가 쌓아 놓은 젠가를 망가뜨려요!"라는 소리가 들려왔다.

나는 이런 일이 있을 때마다 규석이를 타일렀다. 하지만 규석이는 "저도 하고 싶은데 쟤네들이 안 끼워 주잖아요."라고 대답할 뿐 내 말을 제대로 듣지 않았다. 그리고 몇 분 뒤, 조금 전과 비슷한 불만의 소리가 또 들려왔다. "규석이가 자기 순서도 아닌데 마음대로 해요! 바둑돌을 던져요!"

나는 다시 규석이에게 친구의 처지에서 생각해 보고 배려하며 함께 할 수 있는 방법을 찾아보라고 권유했다. 하지만 규석이는 끊임없이 내 말을 거부했다. 오히려 다른 아이들이 나의 눈치를 보며 규석이에게 양보하거나 피해 다녔다.
　규석이는 아이들이 자기를 외면해도 계속 말을 걸었다. 아이들이 피하거나 싫어하는 내색을 했을 경우, 규석이는 팔을 세게 잡아당기는 등의 과격한 행동을 했다. 규석이에게 왜 그랬냐고 물으면 "몰라요, 친구들이 내 말에 대답을 안 해 주잖아요."라고 말했다.

　어느새 규석이는 교실에서 문제를 일으키는 주된 아이로 낙인이 찍혔다. 아이들은 점점 더 규석이로부터 멀어졌고, 규석이의 행동을 받아 주던 소수의 아이조차 규석이가 다가오면 피하기 시작했다. 그 뒤로 규석이는 혼자 그림을 그리고, 혼자 만화책을 읽는 등 점점 더 혼자 있게 되었다.
　나는 혼자 있는 규석이의 모습을 보며 도와주고 싶은 마음이 들었다. 그래서 규석이를 다른 아이들의 세계로 데리고 갔다. 만화 그리기를 좋아하는 규석이가 지훈이 그룹 근처에서 가끔씩 서성거리는 모습이 보이자 함께 해 보라고 말했다. 하지만 지훈이 그룹에서 강하게 거절했다. 나는 규석이가 지훈이 그룹에 꼭 끼이고 싶어 하는 것 같아 지훈이에게 함께 할 것을 다시 부탁했다.

그럼에도 불구하고 받아들여지지 않았다. 규석이도 더 이상 미련을 두지 않고 자기 자리로 돌아가 만화책을 읽었다.

지훈이 그룹의 아이들도 규석이도 모두 서로를 거부하는 모습을 보이자 나는 매우 당황스러웠다. 그리고 나를 더 당황스럽게 만든 것은 규석이가 아이들로부터 거부당한 것에 대해 크게 개의치 않는다는 사실이었다. 나는 이 상황이 이해되지 않았고 이 문제를 어떻게 해결해야 할지 막막했다.

처방전이 다른 수인이

규석이를 어떻게 대해야 할지 몰라 점점 미로로 빠져드는 상황에서 눈에 띈 아이가 수인이었다.

과학 시간에 물질의 상태에 대해 모둠별로 말판 놀이를 하며 정리할 때였다. 모둠장이었던 수인이가 말판, 스펀지 주사위, 바둑알을 모둠 가운데에 놓았다. 말판 놀이 순서를 정하자는 수인이의 말이 채 끝나기도 전에 규석이가 주사위를 높이 던지면서 일어났다. 옆 모둠으로 가서 친구의 점퍼를 오른손으로 둘둘 말았다. 그리고 발사 흉내를 내며 친구의 어깨를 건드렸다. 그 친구가 싫어하는 내색을 보였다. 그런데도 규석이는 씨익 웃으며 말았던 점퍼를 펴서 점퍼 소매에 다리를 끼우려다 수인이 쪽으로 넘어질 뻔했다.

수인이가 규석이를 강하게 밀치며 "야, 너 말판 놀이 안 할 거면 가만히 앉아있어! 방해되니까." 이렇게 말하고 재준이와 둘이서만 말판 놀이를 이어갔다. 규석이가 씨익 웃으며 재준이가 들고 있던 스펀지 주사위를 빼앗아서 높이 던졌다. 그러자 수인이는 규석이가 던진 주사위를 받아 들고는 규석이를 노려보았다. 규석이가 수인이에게 주사위를 달라는 시늉을 했지만, 수인이는 재준이에게 주었다. 보통 때 같았으면 규석이가 주사위를 빼앗고 고함을 쳤을 텐데 놀란 눈으로 수인이를 가만히 보고만 있었다.

　그러자 수인이가 규석이에게 "야, 네가 모둠 규칙을 어겨서 지금은 주사위를 던질 수 없어. 자리에 앉아서 기다리고 있어야 주사위를 던질 수 있어."라고 큰 소리로 말했다. 규석이는 잠시 머뭇거리더니 수인이 옆에 앉았다. 잠시 후 자기 차례가 되자 규석이는 신나게 주사위를 높이 던졌다.

　수인이는 나와는 정반대의 처방전을 가진 아이였다. 나는 아이들에게 권유하는 말을 했지만, 수인이는 명령조로 말했다. 그런데 규석이는 수인이의 말에 순응했던 것이다.

　양보, 배려, 타협을 강조했던 나의 방식은 규석이에게 통하지 않았다. 반면에 지시와 명령조로 단호하게 말한 수인이의 방식은 규석이에게 통했다. 그동안 아이들과 함께 하면서 내가 옳다고 믿었던 신념이 흔들리기 시작했다.

왜 나의 방식은 규석이에게 통하지 않고 수인이의 방식은 통했던 걸까? 나는 나의 학급 운영 방식을 되돌아보게 되었다. 그리고 나는 왜 이렇게 규석이를 도와주려고 애썼을까? 규석이가 우리 반에서 약한 아이였던가? 아니면 생활하는 데 어려움을 겪는 아이였던가? 고민이 점점 더 깊어졌다.

어린 시절의 나

교사로서 나는 우리 반 아이들 모두가 함께 어울려 살아가는 교실을 만들고 싶었다. 그래서 학기 초부터 서로 존중하고 배려, 양보하라고 가르쳤다. 그리고 반에서 약한 아이들, 생활하는 데 어려움이 보이는 아이들이 있으면 도와주려고 애썼다.

어린 시절의 나도 규석이처럼 꽤 고집스럽고 자기주장이 확실한 아이였다. 그런데 언제부터인가 이런 성격을 잘 드러내지 않는 나로 생활하고 있었다. 언제부터일까, 생각해 보니, 국민학교(그 당시에는 국민학교) 때부터인 것 같다.

초등교사인 아버지께서는 경북 지역 학교에 근무하셨다. 우리 가족은 아버지께서 학교를 옮길 때마다 이사를 했다. 그 당시 경북 대부분의 학교에는 사택이 있었다. 우리 가족은 사택에서 생활했으며 나는 어릴 때부터 학교를 내 집 삼아 지냈다. 나는 아버지께서 근무하셨던 경북 ○○초등(국민)학교에 입학해서 3학년 때까지 같은 학교에 다녔다.

  나는 ○○○선생님의 딸로 주목을 받으며 학교생활을 했다. 아버지와 같은 학교에 다닌다는 것 자체가 어린 나에게는 든든한 지원군을 등에 업은 격이었다. 선생님들과 동네 어른들은 나를 많이 예뻐해 주셨다. 친구들과 놀 때, 내가 하고 싶은 놀이를 제안하면 친구들은 기꺼이 함께해 주었다. 교실에서도 맡은 일을 야무지게 하는 학생으로 선생님들께 칭찬받았다. 이렇게 초등학교 3년 동안 경북 작은 학교에서 텃세 아닌 텃세를 부리며 생활했다.

  오빠가 6학년이 되면서 어머니, 오빠, 나, 남동생은 대구로 이사를 했고, 아버지는 주말에만 집으로 오셨다. 초등학교 4학년 때 대구로 전학을 오면서 큰 학교에 적응하기가 어려웠다. 경북에 있을 때는 한 학년에 많아야 두세 반이었는데 대구로 오니 15개 반이 한 학년이었다. 한 반 아이들도 60명 가까이 되었다. 그 친구들은 3년 이상 함께 지내며 교우관계가 자연스럽게 형성되어 있었다. 전학 온 후 반 친구들과 어떻게 지내야 할지 몰라 당황스러웠다. 또 이전 학교에서와는 다르게 친한 친구가 없어 외로웠다.

  3학년 때까지만 해도 내가 가만히 있어도 내 주위에 친구들이 많이 모였었다. 하지만 대구로 전학 온 후 상황은 달라졌다. 내가 아이들에게 다가가지 않으면 함께 하는 시간이 점차 줄어들었고, 혼자 있는 시간이 많아졌다. 혼자 있는 것에 익숙하지 못하고 외로움을 느꼈던 나는 친구들과 잘 지내려고 많이 노력했다. 나의 고집이나 주장을 조절하며 친구들에게 맞추었다. 친구들 곁으로 다가가는 과정에서 서툰 점도 많았고 갈등도 많았다. 하지만 그렇게 함으로써 친구들과의 관계를 좀 더 돈독하게 할 수 있었다. 이렇게 초중고 성장 과정을 거치면서 나의 고집스러운 성격을 조금씩 조절하며 살아왔다.

자기중심적인 규석이

나는 성장하면서 경험했던 나만의 노하우를 반 아이들에게 알려 주고 싶었다. 그렇게 하면 아이들이 학교생활을 좀 더 편안하게 할 수 있을 것으로 생각했다. 하지만 그 노하우가 규석이한테는 전혀 통하지 않았다. 어린 시절의 나는 친구와 함께 어울리는 것을 무척 좋아했다. 그것을 유지하기 위해 친구 처지에서 생각하고 양보, 배려하는 생활이 필요했다. 하지만 규석이는 아니었다. 본인이 필요로 할 때만 친구를 찾았다. 그것을 본 나는 규석이가 매우 자기중심적인 아이라고 단정지었다. 그래서 규석이에게 양보, 배려를 더욱더 강조하며 아이들 속으로 끊임없이 유인했다. 그것이 규석이의 성장을 돕는 최선책이라고 생각했다.

그런데 지금 천천히 돌이켜 보니, 나는 평화로운 학급 유지를 위해 규석이를 자제시키는 대신 아이들에게 규석이가 원하는 것을 할 수 있도록 양보하거나 배려하도록 했다. 나의 이런 적극적인 개입으로 인해, 규석이는 더 자기중심적이고 자유분방한 행동을 할 수 있게 되었다. 규석이가 더욱더 자기중심적이고 마음대로 활개를 치도록 멍석을 깔아준 셈이었다.

나는 양보와 배려라는 명목으로 다른 아이들에게 희생을 강요했다는 생각에 마음이 많이 무거워졌다.

그렇다면 수인이의 단호한 말과 행동에 규석이가 순응한 것이 과연 맞을까? 규석이가 수인이의 말에 따른 것처럼 보이지만 실제는 아니었다. 예를 들어, 과학 시간에 했던 말판 놀이는 규석이가 진짜 하고 싶었던 놀이였다. 그래서 수인이의 말을 들었던 것인데, 그 모습을 보고 착각을 한 것이었다. 규석이는 수인이의 말에 순응했던 것이 아니고 자기가 하고 싶은 놀이를 했을 뿐이었다.

규석이는 우리 반에서 약한 아이도 아니었고, 생활하는 데 어려움이 있어 나의 도움이 필요한 아이도 아니었다. 자기주장이 강하고 고집이 세어서 본인이 하고 싶은 것을 마음대로 하는 아이였다. 또, 교실을 놀이터 삼아 자유롭게 노는 아이였다. 나는 그런 규석이를 도와주며 날개까지 달아 주었던 것이다. 지금 생각해 보니 그때 내가 왜 그랬는지 아차 싶었다.

이제 더 이상 규석이와 같이 자기가 하고 싶은 것을 마음대로 하는 아이를 방치하지 않기로 했다. 아니, 반 아이들을 위해서라도 규석이와 같은 아이를 더 강력하게 제지해야겠다고 생각했다. 더 이상 양보와 배려라는 이름으로 다른 아이들에게 희생을 강요할 수가 없기 때문이었다.

새로운 시도

지금껏 나는 반 아이들에게 내가 옳다고 생각했던 학급 운영 방식을 고집했다. 이유는 간단했다. 그렇게 해야 내가 편했다. 나에게 주어진 업무가 많다는 핑계로, 3월 초에 아이들을 제압하고 조용한 교실로 만드는 것이 필요했다. 그래서 양보와 배려라는 처방전 하나로 이리저리 끼워 맞추는 처방을 내렸다.

'병원에 가면 아픈 증상에 따라 의사의 처방전이 달라진다. 교실도 이와 비슷한 상황이 되어야 하지 않을까?'

이것이 올해 내가 마음먹은 학급 운영 방식이다. 의사가 환자의 증상에 따라 다르게 처방하듯, 각각의 아이들의 특성을 알고 그 특성에 맞게 적극적으로 대응하여, 모든 아이와 진심으로 행복하게 살아가는 학급을 만들겠다고 다짐했다.

현재 우리 교실에는 어린 시절의 나와 같은 아이도 있고, 규석이와 같은 아이도 있다. 마음대로 안 된다고 과격하게 행동하는 세창이도 있고, 학교폭력 피해자라는 아픔을 안고 치유 중인 유미도 있다. 조용히 말없이 지내는 성우도 있고, 모든 친구가 잘 따르고 좋아하는 유연이도 있다. 친구가 때려도 싫은 내색을 하지 못하는 혜은이도 있고, 리더십이 강한 두훈이도 있다. 즉, 삶의 방식이 각기 다른 22명의 아이들과 1명의 교사가 함께 살아가고 있다.

즉각적으로 제지하기

체육수업을 하러 강당으로 이동하기 위해 남학생 한 줄, 여학생 한 줄을 섰다. 세창이가 앞에 있던 성우 양쪽 어깨에 손을 올리고 꾹 눌렀다. 남학생 중에서 가장 조용하고 소심한 성우는 아픈 표정만 짓고 아무런 말도 못 하고 있었다. 그때 세창이가 갑자기 성우 목을 조르는 시늉까지 했다. 그때 나는 "야, 김세창! 성우한테서 당장 떨어져. 성우가 좋아서 가만히 있는 줄 알아. 성우가 세창이 너 어깨에 손 올리고 장난치면 좋겠어? 왜 입장 바꿔 생각을 못 해."라고 크게 꾸짖었다. 깜짝 놀란 세창이가 성우에게서 멀찌감치 떨어지면서 내 눈치를 살폈다.

나는 세창이의 과격한 행동으로 인해 성우가 위험하다고 판단했다. 그래서 그 상황에서 내가 내린 처방은 세창이를 즉각적으로 제지하는 것이었다.

약한 아이 친구 맺어주기

우리 반 유미는 작년에 학교폭력으로 인해 많은 아픔을 겪은 아이다. 3월 초에 처음 만났을 때 유미는 말을 거의 하지 않고 매우 조용한 아이였다. 나는 유미가 약한 아이이고, 생활하는 데 많은 어려움이 있어 나의 도움이 필요한 아이라고 생각했다. 나는 유미에게 필요한 친구를 의도적으로 맺어주고, 반에서 잘 적응할 수 있도록 도와주기로 마음먹었다. 그래서 우리 반에서 배려심이 강한 수윤이와 유미를 짝꿍으로 만들어준 후, 유미가 반에서 잘 적응할 수 있도록 했다. 7개월이 지난 지금 유미는 달라지고 있다. 말없이 소극적으로 지냈던 유미가 이젠 말도 제법 하고, 밝은 모습으로 살아가고 있다.

감정표현을 분명하게 하는 방법 알려 주기

2학기 들어 유미는 자기의 마음을 분명하게 표현하기 시작했다. "세창아, 네가 의자를 뒤쪽으로 급하게 빼는 바람에 내가 그리고 있던 그림이 망가졌어. 그래서 소중한 그림이 망가져서 매우 속상해. 앞으로 조심해 줄 수 있겠니?"

유미의 목소리가 분명했다. 그런데 더 놀라웠던 것은 규석이와 비슷한 성향을 보인 세창이의 반응이었다. "어, 정말 미안해. 앞으론 그런 일이 없도록 조심할게. 내 사과를 받아 줄래?"

유미가 큰 소리로 말한 것도 아니고 명령조로 말한 것도 아니었다. 주어진 상황에서 유미는 자신의 감정을 확실하게 표현했다. 그것이 고집쟁이 세창이에게 진심으로 통했고, 세창이가 3단계 사과를 자연스럽게 하게 된 계기가 되었다.

아이들끼리의 삶의 방식 인정하기

지난 9월 중순 점심시간, 리코더 동아리 아이들이 강당에서 공연을 위한 총연습을 했다. 나는 동아리 아이들을 챙기느라 교실에 10분 정도 늦게 가게 되었다. 반 아이들이 시끌벅적 떠들거라는 걱정스러운 마음에 급하게 교실로 올라갔는데 나의 예상은 빗나갔다. 회장, 부회장이 4교시에 덜 했던 책 만들기를 마무리하자고 안내했고, 아이들도 그들의 안내에 따라 각자 하던 것을 조용히 잘하고 있었다. 늘 돌아다니며 아이들을 방해하던 유천이도 자리에 앉아있어서 놀랐다. 오히려 내가 있을 때보다 더 평화로운 모습이 보여 내심 배신감도 느꼈다.

하지만 반 아이들 사이에는 자기들만의 규칙이 존재했고 그 규칙으로 서로를 통제하며 살아가는 모습을 볼 수 있었다. 즉, 아이들 사이에는 '선생님이 안 계실 때는 이렇게 행동해야 한다.'라는 그들 나름대로 규칙이 적용되었던 것 같다. 이런 모습을 보면서 아이들끼리의 삶의 방식도 인정해 줄 필요가 있다는 것을 알게 되었다.

의견 나눔 시간 충분히 주기

요즘 우리 반 아이들은 의견 나누는 시간을 자주 가진다. 나는 별다른 일이 없으면 아이들이 의견 나눔 요청을 할 때마다 시간을 허용해 준다.

1인 1역을 정해야 할 경우, 교실에서 앉는 자리를 바꿀 경우, 싸움이 있어 또래 중재가 필요할 경우, 체육 시간에 문제나 오해가 생겨서 해결 방법을 찾아야 할 경우, 교육과정 발표회 때 학급 전체 공연을 무엇으로 해야 할지 정해야 할 경우 등등.

단순하게 빨리 결정될 것 같은 내용도 아이들의 의견이 어떻게 나오느냐에 따라 의견 나눔 시간이 2~3시간씩 걸리기도 했다. 하지만 의견 나눔 시간을 많이 가진 이후로는 그 이전보다 학급에서의 불만, 불평이 훨씬 줄어들고 있다.

오늘도 모둠 활동할 때 갈등과 다툼이 많아 불만이었던 세창이가 회장에게 의견 나눔 시간을 요청했다. 회장은 나에게 1시간 정도가 필요하다고 했다. 마침 국어 시간이라 나는 회장에게 2시간 줄 테니 의견 나눔 시간 사회를 보라고 했다. 의견을 나누는 과정에서 세창이의 잘못이 확실하게 드러나 사과하는 시간을 가졌다. 세창이는 본인이 오해한 부분을 이해하고, 자신의 잘못에 대해 순순히 수긍했다.

작년까지만 해도 아이들 사이에 갈등이 생길 경우, 회복 중심 생활교육 워크숍 등에서 배운 방법만이 해결법이라고 생각하고 적용하기에 급급했었다. 하지만 지금은 아이들 사이에 갈등이 일어날 경우, 형식에 얽매이지 않고 아이들끼리 의견을 나눌 기회를 먼저 제공해 준다. 의견 나눔 과정들이 서툴고 시간이 오래 걸렸다. 하지만 아이들끼리 이야기를 나누는 과정에서 오해가 풀리기도 하고, 오랜 시간이 필요하다고 생각했던 사건들이 생각보다 빨리 해결되기도 했다.

왕도 포기하기

올해, 반 아이들의 이런 모습들을 보면서 몇 해 전 우리 반이었던 규석이가 겹쳤다. 나는 그때 양보와 배려, 타협이라는 방법으로 학급의 문제를 해결하려다 번번이 실패했다. 그에 비해 단호하게 명령조로 대처한 수인이의 처방은 꽤 성공적이었다. 하지만 분명한 것은 그해 수인이의 처방전만이 옳은 것은 아니었다. 교실에서 일어나는 일들은 매우 다양하고 복잡하다. 그래서 당연히 그에 대한 해결책도 다양하고 복잡할 수밖에 없다.

그런데 그때 나는 참 어리석게도 이 모든 문제를 한 번에 해결해 줄 수 있는 정답이 있다고 생각했었다. 그래서 그 정답을 찾으러 이곳저곳 좋다는 연수를 찾아 기웃거렸고, 정답이라고 생각한 방식에 의존해서 학급의 모든 문제를 해결하려고 노력했었다.

현재 나는 학급의 모든 문제를 한 번에 해결해 줄 수 있는 만병통치약은 없다고 생각한다. 그래서 예전처럼 만병통치약을 구하러 다니지 않는다. 그 대신 우리 반의 아이들의 다양한 특성을 잘 이해하려고 노력하고 있다. 학교에서 일어나는 복잡한 문제 상황을 면밀히 살펴보고, 어떻게 하면 가장 적절하게 대처할 수 있을지 고민하고 또 고민한다. 예전처럼 내가 생각한 정답에 의존하지 않고 스스로 문제의 해결 방식을 찾으려고 적극적으로 노력하게 된 것이다. 그해 우리 반 규석이는 나에게 교사로서 이렇게 적극적으로 행동하라는 메시지를 준 것이었다.

모두가 함께 어울려 살아가는 교실

규석이 덕분에 지금까지 내가 학급 운영을 어떻게 해 왔는지 되돌아보게 되었다.

양보, 배려의 이름으로 그럴싸하게 포장된 처방전 하나로 학급의 모든 일을 해결하려고 했던 예전 나의 모습은 사라졌다. 지금은 우리 반 아이들 개개인의 특성에 맞게 적절히 처방하고자 노력하는 나의 모습이 보이기 시작했다.

그러나 아직도 한 가지 해결되지 않는 문제가 있다. 내가 아이들 위에서 군림하고 있다는 것이다. 이런 모습이 보일 때마다 깜짝깜짝 놀란다. 또다시 내가 다른 방법으로 아이들에게 희생을 강요하는 것 같아 마음이 편치 않다. 물론 만병통치약이 없다는 것은 안다. 하지만 내가 교실에서 아이들 위에 과하게 군림하지 않고 아이들에게 희생을 강요하지 않으면서 함께 어울려 살아가며 함께 행복해질 수 있는 학급을 만드는 약은 없는 것일까?

지난 2월 우리나라 축구대표 손흥민 선수와 이강인 선수가 논쟁거리가 된 적이 있었다. 한국 축구를 대표하는 이강인이 주장인 손흥민의 멱살을 잡고 싸우는 일이 벌어졌다. 요르단에 0-2로 충격패를 당해 아시안컵 4강에서 탈락한 바로 전날 발생한 일이었다. 이 과정에서 손흥민은 오른쪽 두세 번째 손가락이 꺾여 탈구되는 부상을 입었다. 대표팀 선수단 내 두 선수의 불협화음이 드러나 한국 축구는 아수라장이 되어가는 상황이었다.

이런 상황에서, 축구 협회나 감독의 입장에서 보면 무례하게 행동한 이강인을 축구팀에서 제외시키는 방식을 택했을 가능성이 높다. 하지만 팀의 주장인 손흥민의 대처 방법은 달랐다.

이 일이 있고 난 한참 뒤 이강인이 주장 손흥민을 찾아가

"흥민이 형이 주장으로서, 형으로서, 또한 팀 동료로서 단합을 위해 저에게 한 충고들을 귀담아듣지 않고 제 의견만 피력했다."라고 전하며 진심 어린 사과를 했다고 한다.

손흥민 선수는 대인배답게 그 사과를 받아들이고는

"이강인이 너무 힘든 시간을 보내고 있다. (팬들이) 너그럽게 용서해 달라."라고 대신 말했다고 한다.

감독의 입장에서는 팀 내에서 문제를 일으킨 이강인을 축구 대표팀에서 제외시키는 것이 당연하겠지만, 주장의 입장에서 손흥민은 이강인을 이해하고 품고 갔던 것이다.

이 뉴스를 보며, 아이들 위에서 군림하는 나의 모습을 바꾸기 위해 어떤 노력이 필요할지 생각해 보았다. 군림하고 감독하려는 나의 이면에는 아직도 학급 공동체에서 교사와 학생을 구분짓고자 하는 생각이 강했던 것 같다. 함께 어울려 살아가는 학급 공동체라고 말하면서도 교사인 내가 지시하고 명령하는 일들이 훨씬 더 많았다.

이런 모습을 변화시키기 위해 제일 먼저 필요한 것은 내가 아이들과 동일한 학급 구성원이 되는 것이다. 교사가 아이들과 동일한 학급의 구성원이 되었을 때, 감독이 아닌 주장으로서의 손흥민과 같은 역할을 할 수 있을 것이다.

듀이는 『경험과 교육』에서 교사에게 학급의 리더로서 아이들에게 인정받아야 한다고 했다. 교사가 진정한 학급 공동체의 리더로 아이들에게 인정받으려면 조직의 두목처럼 힘을 과시하지 말고, 자신이 원하는 대로 학급을 이끌어 가서는 안 된다고 했다. 독서동아리에서 듀이의 책을 함께 읽으면서 접하게 된 이 구절이 이렇게 강하게 다가올 줄 몰랐다.

진정한 학급 공동체의 일원으로 구성원들 사이에서 리더로 인정받고 있는 미래 나의 모습을 꿈꾸어 본다.

내가 원하는 대로 학급을 강하게 이끌지 않고 구성원들과 소통하며 함께 나아가는 모습, 아이들이 좀 더 자유롭게 생활할 수 있도록 격려해 주고 보듬어 주는 모습, 때로는 학급 전체의 질서 유지를 위해 단호하게 충고하며 대처하는 모습 …….

이렇게 하루하루, 1년, 2년 생활하다 보면 신뢰를 바탕으로 서로 조율해 가는 과정을 통해 진정한 학급 공동체로서 어울려 살아가는 꿈같은 교실이 되지 않을까? 하는 행복한 상상을 해 본다.

허니버터칩 한 봉지

정 종 진

우리 반 새봄이

"아빠! 이 애가 쓴 만화 이해했어?"

종업식이 끝난 다음 날, 흐릿한 눈으로 휴일 아침을 맞이했다. 곧 중학교에 올라가는 딸아이가 우리 반 학급 문집을 불쑥 내밀며 말했다. 매년 학년이 끝나면 아이들의 학습 성과물과 글을 모아 학급 문집을 만들었다. 올해도 어김없이 종업식 날 아이들에게 한 권씩 나누어 주고 내 것도 보관을 위해 하나 가져왔다. 딸아이는 글을 알고부터 해마다 내가 가져오는 학급 문집을 보며 얘는 그림을 못 그린다느니, 글이 재미있는데 구성이 이상하다는 둥 나름 품평을 했다.

 딸아이가 펼쳐 보여준 페이지는 새봄이가 그린 만화였다. '어, 그거 걔가 대충 그려서 내용이 이해가 안 될 거야' 하며 헛헛한 속을 물로 달래려는데 딸아이가 그림을 설명해 주었다. 이 아이 그림은 그냥 정상적으로 보면 이야기가 잘 이해되지 않겠지만 각각의 장면 번호를 달리 매기면 이야기가 된다는 것이다. 문집을 집어들고 딸아이 설명대로 순서를 바꾸어 보았더니 의미가 전혀 다른 내용이 되었다.

 '아! 새봄이는 그림에 자기 생각을 남과 다르게 구성했구나!'

 새봄이와 함께 1년을 살면서 나도 발견하지 못한 걸 딸아이는 그림 한번 힐끗 보고 파악해 버렸다. 그만큼 내가 새봄이를 제대로 이해하지 못했다는 생각에 가슴이 저며왔다.

 그때 나는 6학급짜리 자그마한 학교에 근무하고 있었다. 6학년만 내리 2년을 하다가 4학년을 맡으니 아이들 자체가 귀엽기도 하고 몇 번의 프로젝트 수업 시도에도 썩 잘 따라와 주어 만족스러웠다. 조금 시끄럽다곤 해도 발표도 서로 못해서 안달이라 아이들과 수업하는 하루하루가 즐거웠다.

 그런데 그 속에서 꼼지락꼼지락 색종이를 접어 별을 만들고 종이를 오려 그림책을 만드는 새봄이가 있었다. 새봄이 자리는 늘 종이 조각이 떨어져 지저분해 보였다. 책상 안은 갖가지 유인물과 책, 잘려진 종이 조각이 어지럽게 박혀 있고 가방은 늘 열려 있었다. 가방 속의 내용물은 바깥으로 떨어져 나뒹굴고 있기도 했다. 무엇보다 아침 독서 시간에 책을 거의 읽지 않았고 수업 시간에 계속 꼼지락거리거나 특별실로 가야 할 때 가장 늦게 정리하고 일어나는 통에 따로 데려가야 할 정도였다. 청소를 해 보자고 하면 새봄이는 바닥을 쓸다가 책을 읽고 그러다 또 색종이를 오려댄다. 친구들과 급식소로 갈 때도 늦고, 아침에도 제때 교실에 들어오는 적이 없었다. 게다가 내가 어떻게 해 달라고 지시하면 한 번에 따르는 법이 없어 여러 번 이야기해야 했다. 이야기하다 하다 내가 거의 큰 소리로 야단을 치기 직전에야 새봄이는 느릿느릿 움직이기 시작했다. 새봄이에게 뭔가 지시하다 보면 내가 복장이 터질 지경이었다.

게다가 글씨는 아랍어 수준으로 알아볼 수 없었고 글을 쓸 때도 두세 문장 이상 넘기지 않았다. 모둠 활동 때도 이야기를 거의 히지 않거나 활동을 제대로 하지 않아 늘 신경을 써야 했다. 결국 나는 극약 처방으로 무서운 얼굴로 야단을 치기도 하고 조용히 타일러도 보았지만, 별반 나아지진 않았다. 그러면 그럴수록 새봄이는 나를 피하고 무서워하는 것 같았고 무엇보다 내가 화를 내니 주위에 있는 아이들까지 주눅이 들었다. 우리 반 아이들은 그런 상황을 피하려고 새봄이에게 투덜대거나 지나치게 도와주곤 했다.

새봄이는 쌍둥이로 태어나 할머니, 할아버지 손에 초등학교 입학 전까지 자랐다. 새봄이 동생인 가을이는 부모님과 함께 자랐다. 서로 긴 시간 떨어져 지낸 탓도 있지만 새봄이는 부모님과 충분히 소통하기에 어려운 상황이 맞물려 있었다. 여러모로 다른 아이들과 다르다는 걸 알면서도 학급 전체에서 새봄이를 위해 해 줄 수 있는 것은 별로 없었다. 그리고 내 시선도 새봄이에겐 점점 차가워질 뿐이었다.

새봄이를 어떻게 하지?

3월과 4월은 새봄이와 내가 겨루는 한 달이었다. '이거 해라! 저거 해라!' 잔소리로 시작해서 협박에 가까운 야단도 쳐 보았다. 그러나 새봄이는 나를 점점 피할 뿐 나아지는 건 없었다. 더 의기소침해지는 새봄이가 눈에 보일 뿐이다. 그런 내 답답함을 아는지 모르는지 새봄이는 토론 수업을 할 때도 내내 그림을 그리거나 엎드려 있었다. 심지어 책상이 내 코 앞에 있는데도 그랬다. 아이에게 화를 내는 게 능사는 아니라는 생각이 들었다.

5월이 되어 새봄이에게 캠코더로 자신을 찍어 보겠다고 조심스럽게 이야기했다. 선생님이 새봄이에게 야단만 치는 것 같아 어떻게 하면 새봄이에게 도움이 되는 일을 할 수 있는지 찾아보겠다고 했다. 대체로 이런 제안을 하면 여학생들은 큰 부담을 가지거나 몹시 거부하기도 했기에 조심스러울 수밖에 없었다. 그런데 새봄이는 그런 내 '조심스러움'도 무색하게 '네, 좋아요! 예쁘게 찍어 주세요!'라고 대답했다.

그리고 수업 방식도 조금씩 바꾸어 갔다. 하루 종일 색종이를 잘라대어 교실을 쓰레기장으로 만드는 새봄이에게 아예 색종이를 마음껏 자를 수 있게 수학 수업을 운영해 보았다. 새봄이는 그 수업에서 색종이를 자르며 붙여 사각형의 네 개의 각이 360도가 된다는 것을 확인하고 학습지까지도 꼼꼼히 채워 넣었다. 그러나 국어 시간에 학급 규칙을 잘 지키는 아이에게 보상 스티커를 주는 제도에 대해 토론했을 때는 엎드려서 글을 대충 쓰고 친구들의 발표도 듣지 않았다. 오히려 수업 내내 손톱을 입에 물거나 연필을 입에 무는 등의 행동을 하였다.

이런 수업을 촬영하고 새봄이를 중심으로 분석해 본 결과, 새봄이는 뭔가 손으로 조작하거나 몸을 움직여야만 수업에 잘 참여하는 것같이 보였다. 그래서 Pass the Game처럼 공을 주고받으며 계산하는 방식의 게임을 한번 해 보았다. 다른 아이들의 반응도 나름 폭발적이었지만 새봄이는 더욱 흥분하는 것 같았다. 계산을 통해 그 즉시 승부가 나고 점수가 매겨지자, 색종이를 꺼내거나 다른 걸 만질 시간이 없었다.

나는 새봄이가 더 활발하게 수업에 참여할 수 있는 다른 방법은 무엇일까 고민했다. 그래서 그해 학부모 공개 수업에서 피자 만들기를 분수 계산과 관련지어 진행했다. 그 수업을 통해 새봄이가 수업의 즐거움을 느낄 수 있기를 기대했다.

새봄이의 학부모 공개 수업

수업 초반, 영상을 보고 내가 학습 안내를 하는 동안 새봄이는 눈을 비비거나 연필을 필통에서 꺼내 손을 가볍게 찌르기도 했다. 다른 학생이 모둠을 만드는 동안 새봄이는 앉아있기만 하자 보다 못한 새봄이 엄마가 책상을 옮겨 주었다. 내가 피자 재료 바구니를 나누어 주자 새봄이는 벌떡 일어나 바구니를 보더니 비닐 랩을 만지기 시작했다. 그러자 옆에서 새봄이를 돕기 위해 앉아 있던 백설이가 랩을 가져가 버렸다. 다른 아이들이 토핑을 올리는 것을 지켜보던 새봄이는 엄마가 다가와 숟가락을 손에 쥐어준 뒤에야 토르티아 위에 소스를 바르기 시작했다.

교실 바깥에 설치해 둔 작은 오븐에서 피자가 구워지는 동안 주사위를 던져 나온 숫자로 문제를 만들어 풀었다. 새봄이는 짝과 주사위를 굴리고 문제를 만들어 열심히 풀었다. 내가 가서 '새봄이가 푼 게 맞네!' 하자 새봄이는 시험지를 번쩍 들어 학부모석 쪽으로 시험지를 보여주었다. 거기에는 새봄이 엄마가 앉아있었다.

수업을 자세히 관찰해 보니 새봄이는 다른 아이들에 비해 활동을 늦게 시작하거나 다른 아이들이나 어른이 시킬 때만 어떤 일을 수행하고 있었다. 모둠 활동을 할 때는 거의 말을 하지 않았고 또 말할 때마다 백설이에게 말꼬리를 잘리기 일쑤였다. 백설이는 모둠장으로 새봄이를 자주 도와주고 정리되지 않은 새봄이 물건을 친절하게 정리해 주기도 했다. 그런데 수업 시간에 백설이와 가람이는 새봄이가 조금이라도 말을 꺼내면 다 들어보지도 않고 '하지 마'라는 반응을 보였다. 심지어 동생인 가을이도 주사위 놀이를 할 때 새봄이가 조심스럽게 주사위를 밀어주는 데 반해 툭 하고 던져 주었다.

새봄이는 엄마에게도, 아이들 사이에서도 도움을 주어야 하는 아이, 부진한 아이로 생각되는 것 같았다. 특히 늘 친절하던 백설이가 수업 시간에 새봄이를 엄하게 제약하는 것을 보니 지금까지 수업에서의 내 모습과 겹쳤다. 백설이가 나빠서가 아니라 내가 아이들을 그렇게 몰아가고 있었다. 그리고 새봄이의 행동을 제약하면 어떤 행동을 할 때 스스로 결정해서 할 것 같지 않았다.

다시 새봄이를 위해

이 수업을 마친 뒤 나는 새봄이가 모둠 학습 때 가운데 앉을 수 있도록 구성하고 3명씩 한 모둠을 편성하여 이러든 저러든 꼭 자기 역할을 할 수 있도록 만들었다. 그리고 새봄이처럼 느리거나 글로 써서 나타내기를 어려워하는 아이들로 모둠을 채워주었다. 이 모둠은 학습 결과물을 발표할 때 꼭 글이 아니더라도 그림을 그리든 만화를 그리든 시간이 더 걸리든 자기 속도대로 할 수 있게 해 주었다.

그리고 수업을 좀 더 천천히 여유 있게 진행하고 수학은 문제를 풀면 답으로 교실 곳곳에 숨겨진 보물을 찾을 수 있도록 하거나 패스더볼 게임, 스토리텔링 위주로 운영하였다. 특히 새봄이는 빠르게 말하는 것을 잘 알아듣지 못하는 것 같아 천천히 또박또박 끊어서 이야기하듯이 수업하고 대화했다. 그렇게 6월과 7월을 넘기고 방학을 맞았다. 그러는 과정에서 새봄이는 자기 할 일을 조금씩 해결해 갔고 나 역시 더 이상 큰 목소리를 내지 않게 되었다.

그동안 새봄이는 점차 자신감을 얻었다. 발표할 때 목소리는 작지만, 손도 번쩍번쩍 들고 손장난도 눈에 띄게 줄었다. 내 심부름도 곧잘 다녀왔다. 그리고 7월 자기 주도 학습검사에서 새봄이는 스스로 모든 항목에 최고점을 주었다.

방학이 끝난 뒤, 나는 하고 싶어서 안달한 아이처럼 보이지만 정작 발표할 때는 작은 목소리로 내용과 동떨어진 이야기를 하는 새봄이와 맞닥뜨렸다. 손장난은 더 심해졌고 그와 함께 내 잔소리의 강도도 슬슬 올라가기 시작했다. 그리고 무엇보다 동생 가을이에게 모든 걸 양보하던 새봄이가 가을이와 싸우기 시작했다. 그것도 완강하게! 나는 그것 때문에 악몽 같은 9월을 보냈다. 하루에 한 번은 수업 시간에 싸워 난장판을 만들어 놓아 아예 가을

이와 만나지 못하는 모둠으로 떼어 버렸다.

그러던 어느 날 전담 시간에 책을 찢으며 그림을 그리다가 들켜서 교실에 울며 들어왔다. 다른 아이들은 '큰일났다'라며 새봄이가 문제라며 일러바치듯 내게 말했지만 나는 그냥 '책은 찢지 말라'고만 말하고 더 이상 말하지 않았다. 내가 새봄이를 야단치는 것으로 이 문제를 해결하지 못한다는 것을 알았기에 불쑥 올라오는 화를 삭였다. 아이들은 으레 자기들 말에 고분고분하던 새봄이가 자기 하고 싶은 대로 하자 걱정하고 그러면 안 된다고 내게 호소했다.

무엇이 잘못된 걸까? 고민을 거듭하며 새봄이가 하는 행동에 잔소리 하지 않고 다시 찬찬히 관찰하고 기록해 나갔다. 나는 아이들에게 당당하게 대거리하는 새봄이를 맞닥뜨리며 새봄이가 지금까지 수동적이던 자기 모습에서 헤어 나오는 듯한 느낌을 받았다. 이제 자신이 어떻게 주장해야 하는지도 알게 되었고 그냥 울기만 해서는 도움도, 칭찬도 받지 못한다는 걸 알게 된 것 같았다. 물론 그 고집을 감당하며 다른 아이들을 설득하고 불편한 내 감정을 꾹꾹 눌러 담아 새봄이를 차분히 타이르는 어려움은 내 몫이었다.

허니버터칩 한 봉지

 다시 시간이 지나면서 새봄이는 점차 자신감을 얻어가고 공부나 자기 일들도 조금씩 해내게 되었지만, 고집스러울 만큼 자기주장을 강하게 표현하게 되었다. 새봄이의 문제가 해결되면 나는 행복한 교실을 맞이할 거라 생각했다. 결국 나는 새봄이가 스스로 무엇인가 결정하고 할 수 있도록 하는 것에는 나름 성과를 거두었지만, 새봄이 때문에 행복하지는 않았다. 그때 새봄이는 나에게 오히려 더 많은 숙제와 고민을 안겨 주었다. 그런데 새봄이를 차분히 대하면 대할수록, 다른 아이가 새봄이를 이해할 수 있도록 대화하면서 나는 마음이 편해졌다. 아이들 역시 새봄이를 더 이상 동생이 아닌 친구로 받아들이고 새봄이의 행위를 제약하진 않았다. 새봄이를 바꾸어 보려고 했던 나는 사실 새봄이를 이해하는 과정에서 마음에 안정을 찾은 것 같았다.

 종업식을 마치고 어둑한 교실에서 업무에 허덕이며 남아있는데 새봄이와 가을이가 교실에 들어섰다. 그리고 그때 한창 유행이라 구할 수 없다던 과자 '허니버터칩'을 내 책상 위에 놓았다. 내가 고맙다고 말하기도 전에 그 둘은 문밖으로 나갔다. 새봄이는 뒤를 돌아보며 팔을 올려 하트를 만들었다.

 책상 위에 놓인 허니버터칩 한 봉지를 물끄러미 바라보며 나는 그것을 차마 먹을 수 없을 것 같은 생각이 들었다.

Endnotes

* **명현현상**
치료나 건강 증진을 위해 노력하는 과정에서 일시적으로 나타나는 부작용으로 몸이 치유되고 건강해지는 과정의 징후라고 볼 수 있다.

** **호작질**
경상도 방언으로 쓸데없는 장난 짓을 뜻함.

나를 돌아본 시간들

'아이 눈' 연수가 내게 준 선물

김 현 경

'아이 눈' 연수?

2021년 4월, 대구 미래교육원에서 주최한 '아이의 눈으로 세상 보기' 연수에 처음으로 참여했다. 연수 공문으로 온 내용 중 '아이의 눈으로'라는 말에 호기심과 궁금증이 생겨 참여하게 되었다.

첫날 3시간 연수를 마치고 나니, 내가 기존에 받았던 연수와는 많이 다른 분위기여서 당황스러웠다. 연수에 참여한 대부분의 선생님들은 '아이의 눈으로 세상 보기' 연수를 이미 한 번씩 접한 듯했다. 그래서 나는 첫 시간부터 왠지 모를 주눅이 들었다.

강사님께서 이 연수는 교사가 학생의 일상의 모습을 학생의 관점에서 이해하고 그것을 바탕으로 하여 학생의 성장을 모색하는 과정이라고 하셨다. 반 아이 중 한 명을 벼리 아이로 선정하여 선이해를 정리한 후 그 아이의 행동 관찰, 기록 검토, 실마리 행위 선정, 원인 추론, 의미 해석 등의 과정을 해내야 한다는 말씀을 듣고 내가 과연 제대로 따라갈 수 있을까 걱정되었다. 지금까지의 연수에서는 한 번도 경험한 적이 없는 새로운 것을 해야 한다는 두려움도 있었지만, 제대로만 하면 학급 운영에 많은 도움이 될 것 같다는 생각이 들었다.

지금까지의 연수는?

내가 최근에 참여했던 연수 목록을 살펴보니, 법정의무 연수와 다면평가 연수 실적 기준인 60시간을 채우기 위해 들었던 원격연수가 대부분이었다. 그 외 내가 희망해서 참여했던 집합 연수 중에서 기억에 남는 회복적 생활 교육 연수를 떠올려 보았다.

회복적 생활 교육 연수에서 접했던 사전 서클, 본 서클, 사후 서클 방법은 반에서 갈등 상황이 일어났을 때 매뉴얼에 따라 그대로 적용을 하면 대부분의 갈등 상황이 해결되었다. 교사인 내가 노력해서 따로 발품을 팔아야 할 일은 없었다. 그때까지만 해도 학급에 바로 적용할 수 있는 연수가 유익한 연수인 줄 알았다. 이처럼 기존에 참여했던 대부분의 연수는 연수 과정 중에 내가 뭔가를 매우 힘들게 해야 하는 경우는 거의 없었고, 연수에서 배우고 익힌 내용을 학급에 그대로 적용만 하면 되었다.

'아이 눈' 연수가 내게 준 선물

기존에 참여했던 연수와 '아이 눈' 연수는 많이 달랐다.

먼저 우리 반 아이 중 한 명을 선택했다. 그리고 그 아이의 학년, 외모, 행동과 일상의 모습, 가정환경 등을 참고하여 내가 그때까지 생각하고 있던 아이에 대한 글을 썼다. 그 아이를 관찰하는 과정에서 내가 발견한 내용과 성찰한 내용도 함께 썼다. 그런 후 노트 1권을 준비해서 아이가 학교에서 생활하는 모습과 행동을 관찰해서 꾸준히 기록으로 남겼다. 기록으로 남기기 위해서는 그 아이뿐만 아니라 주변 아이들, 우리 반 전체 아이들을 관찰해야 가능했다. 그러면서 나는 어느 순간 우리 반 아이 한 명이 아니라 23명의 세계로 자연스럽게 합류했다. 한 명의 아이를 관찰하는 것으로 시작했는데 하루 이틀, 한 달 두 달이 지나면서 2명, 3명,……, 23명 학생 개개인의 모습이 내 눈에 들어오기 시작했다. 신기했다. 이렇게 3년 동안의 연수에 꾸준히 참여하면서 조금은 힘들었지만 뭔지 모를 매력과 보람에 흠뻑 빠져 들었다.

그럼, '아이 눈' 연수가 나에게 준 선물은 무엇일까 생각해 보았다.

첫 번째, 집에서 달라지고 있는 나의 모습이 보였다.

학교에서만 적용이 가능한 연수라고 생각했는데, 가족과 주변 사람들과의 관계에서 훨씬 더 유익하게 적용되었다. '아들의 눈으로 세상 보기', '남편의 눈으로 세상 보기' 방식으로 응용하여 아들, 남편의 입장에서 생각해 보면서 가족을 진심으로 이해할 수 있는 좋은 기회가 되었다. 그전까지만 해도 바쁘고 힘들다는 핑계로 가장 가까운 관계인 가족들에게 스트레스를 해소하는 경우가 많았다. 또, 엄마의 기준에서 아들들에게 말하고 엄마의 잣대대로 행동해 주기를 강요하기도 했었다. 그러다 보니 예전에는 자기주장이 강한 큰아들과 갈등을 겪는 일들도 정말 많았었다. 하지만 지금은 아니라고 자신 있게 말할 수 있다.

'아이 눈' 연수를 처음 시작한 2021년도는 둘째 아들이 고등학교에 입학한 해이다. 입학 후 학교생활에 적응해야 하는 매우 중요한 시기였다. 하지만 코로나 시기인 중학교 3학년 때 하루 종일 게임에 빠져 살았던 둘째 아들은 아무런 계획 없이 고등학교 생활을 시작하는 듯했다. 그래서 나는 연초에 걱정스런 마음에 둘째 아들이 학교에 잘 적응해서 좋은 대학에 진학할 수 있도록 뒷받침해 줘야겠다고 마음먹었다. 아들이 대입을 준비하는 3년 동안 학교에서의 일과 내 개인적인 일은 최소한으로 줄이기로 했다. 이렇게 생각한 이면에는 아들이 잘 해주기를 바라는 엄마로서의 욕심이 크게 작용했다.

아들은 고등학교에 가서도 집에 오면 컴퓨터 앞에 앉아 게임을 많이 했다. 어떤 때는 며칠 동안 새벽 2시 넘어서까지 친구들과 온라인으로 대화를 나누며 게임에 몰두했다. 예전 같았으면 이유 불문하고 엄마로서 아들을 강하게 제지했을 것이다. 하지만 감정 고르기를 한 후 아들에게 말했다. "아들, 게임 재미있어? 지금 새벽 2시가 넘었는데 배 안 고파? 뭐 먹고 할래?" 또는 "오늘 아들이 학교에서 스트레스 받는 일이 있었나 보다."

처음에 묵묵부답이었던 아들도 조금씩 달라진 모습이 보이기 시작했다.

"지난 주 기말고사 끝나고 오늘은 수행평가 다 제출했거든요. 2~3일 동안 게임하면서 좀 쉬려고요. 내일 늦지 않게 일어날게요."

학원을 선택하는 과정에서도 아들의 의견을 충분히 들었다. 엄마로서는 정말 많이 불안했지만, 아들이 필요하지 않다고 생각하는 학원은 과감히 그만두고 스스로 할 수 있도록 믿고 기다려 주었다. 그러다가 아들이 도움을 요청해 오면 주저하지 않고 100% 지원해 주었다.

만약 '아이 눈' 연수에서 배운 '아들의 눈으로 세상 보기'를 몰랐더라면 둘째 아들과 갈등을 겪는 일들이 많아서 아들도 나도 힘든 3년을 보냈을 것이다. 하지만 이 연수를 꾸준히 하면서 아들의 입장에서 이해하고자 노력했고, 아들이 원할 때 적절한 관심과 정성을 쏟았다. 또 아들의 말에 귀 기울이고 제대로 들으려고 애썼다. 엄마로서 그렇게 말하고 행동한 것이 둘째 아들에게 진심으로 통했다. 3년 동안 아들은 아들의 자리에서 최선을, 엄마인 나는 엄마의 자리에서 최선을 다했다.

올해 들어 주변 사람들에게 가장 많이 들었던 말은 "큰아들에 이어 둘째 아들까지 의대 보낸 비결이 뭐예요?"였다. "글쎄요, 제가 보낸 게 아니라 아들들이 가고 싶어 해서 간 거라. 그런데 한 가지 분명한 것은 '아들의 눈으로 세상 보기'를 배우고 실천한 것이 생각 이상으로 효과가 컸어요. 엄마의 판단과 욕심을 내려놓고 아들의 입장에서 이해하려고 애썼더니 아들과의 사이가 이전보다 좋아졌어요. 이렇게 심리적으로 편한 환경 속에서 둘째 아들은 스스로 정한 목표에 따라 자기 주도적으로 학습하여 좋은 결과로 이어진 것 같아요."

주변 사람들의 질문에 나는 망설임 없이 이렇게 답할 수 있었다.

두 번째, 학교에서 달라지고 있는 나의 모습이 보였다.

3월 초, 아이들을 제압하고 조용한 교실로 이끌고자 했던 교사로서의 나의 모습이 어느 순간 조금씩 바뀌고 있었다. 교사가 이끄는 교실이 아니라 교사와 학생이 학급 공동체가 되어 함께 살아가는 교실로 바뀌고 있다.

'아이 눈' 연수를 알기 전까지 나는 우리 반 아이들을 나의 기준에 맞게 자라도록 내 틀 속에 가두려고 했다. 하지만 반 아이들을 관찰하는 과정을 통해 아이들의 행동 하나하나에도 나름대로 이유가 있다는 것을 이해하게 되었다. 그리고 아이들에 대한 선입견을 없애고 판단은 보류한 후 학생을 내 기준에 맞추어 일방적으로 바꾸려는 욕심을 내려놓고 나니 학교생활에 여유가 생기기 시작했다.

세 번째, 글쓰기에 관심을 가지게 되었다.

올해부터는 아이의 눈으로 연구회 선생님들과 서근원 교수님 지도 아래 글쓰기 수업을 하고 있다. 첫날 수업을 하면서 교수님께 배운 글쓰기의 핵심을 정리하면 다음과 같다.

사람마다 특성이 있듯이 글에도 특성이 있다. 글에 어떤 내용을 담을 것인지 내 머릿속의 기억 재료를 정리하는 것이 제일 먼저 필요하다. 그리고 그 기억을 어떤 방식으로 묶을 것인지 생각해 봐야 한다. 또, 묶여진 중요한 내용들을 어떤 차례로 배치할 것인지 생각한다. 이렇게 목차가 정해지면 내용 전개를 하여 써 내려간다.

같은 생각을 묶어 논리에 맞게 연결시키는 동시에 주제를 분명하게 드러내어 글을 쓴다는 것은 생각보다 쉽지 않았다. 하지만, 첫술에 배부르랴!

　문제의식을 분명하게 드러내면서 논리에 맞게 글쓰기를 연습해 보니 정말 힘들고 어려운 과정이었지만, 나의 사고를 바꾸는 훈련을 할 수 있는 계기가 된 것 같아서 뿌듯했다.

　한 편의 글을 완성하기 위해 이렇게 많이 고민하고 생각한 적은 처음이었다. 하지만 서근원 교수님과 연구회 선생님들의 도움을 받아 여러 번 수정하는 의미 있는 과정을 거치면서 나의 글쓰기 실력도 조금씩 성장 중에 있다.

　무엇보다 중요한 것은 내가 글쓰기에 관심을 가지게 되었다는 것이다.

　사람이 어떤 일을 선택할 때는 얻는 것과 잃는 것이 있다고 한다. 나는 아이의 눈으로 실천 탐구 연수 과정을 선택하여 4년 동안 꾸준히 하면서 많은 선물을 받았다. 연수를 통해 받은 선물 중 가장 큰 것은 연수 과정에서 배운 노하우를 학교에서뿐만 아니라 가정에서도 적용을 하여 나와 주변 사람들이 달라지고 있는 모습을 볼 수 있다는 것이다. 매일매일 조금씩 성장하고 있는 나의 모습을 선물해 준 '아이 눈' 연수를 다른 분들과도 함께 공유하고 싶다.

내 편 만들기 공부

이정욱

나는 글쓰기에는 젬병이었다. 그랬던 내가 지금 이렇게 글을 쓸 수 있게 된 것은 서근원 교수님 덕분이다. 2014년에 우연히 서 교수님이 운영하는 공부 모임에 참여하게 되었는데 이 공부 모임에서는 회원들이 공부 주제에 맞게 글을 써 오면 함께 검토하며 의견을 나누는 학습을 했다.

그런데 나는 그 모임에서 내가 쓴 글을 거의 읽지 못했다. 함께 읽고 검토하기에 수준이 너무 낮았기 때문이었다. 나름 열심히 글을 썼다. 그러나 글쓰기 실력은 좀처럼 늘지 않았다. 이런 내 모습이 안타까우셨는지 서 교수님은 2017년 1월 대학원 계절학기 수업을 하니 매일 오라고 하셨다. 나는 그때 처음으로 제대로 된 글쓰기 수업을 받게 되었다.

수업 첫날, 서 교수님은 나에게 교육과 관련된 주제를 한 가지 정하고 주제에 맞게 소논문 형식으로 A4 용지 1장 분량을 글로 써 오라고 했다. 나는 호기만발하게 '경험을 통해서 본 교육적인 활동'이라는 제목으로 학교에서 이루어지고 있는 현장 체험학습을 듀이의 경험이론을 바탕으로 비춰 봤을 때 정말 교육적인 활동이 맞는지 되돌아봐야 한다는 주제로 글을 써 갔다.

내 글을 본 서 교수님은 몇 개의 문장을 지적하면서 그 문장이 무슨 뜻이고 왜 썼는지 물어보았다. 나는 제대로 대답하지 못했다. 서 교수님은 다른 문장을 지적하면서 그 문장은 누구의 의견이며, 혹시 타인의 의견이라면 출처가 어디냐고 물었다. 나는 또 대답하지 못했다. 또다시 서 교수님은 두 문장을 지적하면서 두 문장이 서로 어떻게 연결되어 있는지, 그 연결이 자연스러운지 물었다. 역시나 나는 대답하지 못했다.

내 글을 다시 읽어 보았다. 나의 글에는 내가 모르는 말들이 수두룩했다. 문장들은 앞뒤가 서로 엉켜 있었고, 글의 구조라고는 찾을 수가 없었다. 무엇보다 가장 큰 문제는 내가 이 글을 통해서 하고 싶은 말이 무엇인지를 나조차도 알 수가 없었다. 서 교수님은 글쓴이도 이해하지 못하는 글을 독자가 어떻게 이해할 수 있겠냐며 독자가 이해할 수 있도록 글을 다시 써 오라고 했다.

다음날 교수님의 질문에 대답할 수 있도록 글을 새로 써 갔다. 교수님은 다시 질문을 하셨다. 하지만 여전히 교수님의 질문에 대답하지 못했다. 그다음 날에도 글을 다시 써 갔지만 결과는 다르지 않았다. 또 그다음 다음 날에도 다시 글을 써 갔고, 여전히 교수님의 질문에 답을 하지 못했다.

나는 글 쓰고, 질문 받고, 대답 못하고, 또다시 쓰기를 반복했다. 그러다 보니 2017년 1월에 시작한 '경험을 통해서 본 교육적인 활동'이라는 글은 2017년 5월이 되어서야 마무리되었다. 나는 태어나서 처음으로 6개월 동안 A4 용지 한 장 분량의 글을 30번 이상 새로 쓰고 고치는 경험을 했다. 지금 내가 이렇게 글을 쓸 수 있게 된 것은 바로 이 경험 때문이었다.

2023년 가을, 붓돌 회원님들과 나는 대구광역시 교육청이 주최한 책쓰기 공모에 당선되었다. 서 교수님은 우리의 글을 감수해 주셨고, 출판 기념일에도 오셔서 우리를 축하해 주셨다. 그리고 그 자리에서 없는 시간을 쪼개어 붓돌 회원들을 위해 '아이의 눈으로 세상 보기' 연수를 해 주시겠다고 했다. 붓돌 회원님들은 서 교수님에게 직접 배울 기회가 생겼다며 기뻐했고, 기대도 많이 했었다. 그런데 나는 별로 기쁘지 않았다. 왠지 '아이의 눈으로 세상 보기' 연수보다는 한 학기 혹은 1년 내내 글쓰기 공부를 할 것만 같았다.

나의 예상은 빗나가지 않았다. 우리는 2주에 한 번씩, 하루에

3시간씩 총 10회에 걸쳐 6개월 동안 한 편의 글을 완성하기 위해 매번 고쳐 쓰는 연습을 했다. 이번에는 나 혼자가 아니라 붓돌 회원님들과 함께 글쓰기 공부를 한 것이다. 모두 엄청나게 힘들어했지만, 단 한 명도 포기하지 않았다. 묵묵히 고통을 감내하며 글쓰기 공부를 이어 오신 회원님들이 참 대단했고, 이 자리를 빌려 회원님들의 노고에 경의를 표한다. 그러면서 내가 왜 이렇게 고통을 참아가며 글쓰기 공부를 계속하는지, 도대체 글쓰기 공부가 나에게 어떤 의미인지 천천히 되짚어 보게 되었다.

나는 구속당하는 걸 정말 싫어한다. 그래서 지금도 누군가가 나를 힘으로 억압하려고 하면 짓눌리지 않으려고 과하게 맞서고, 친구들이나 지인들이 모임의 중책을 맡아달라고 하면 얽매이기 싫어 그 자리를 사양하거나 피해 다닌다.

내가 구속당하는 것을 아무리 싫어한다고 해도 목구멍이 포도청이라 평일에는 학교에 얽매여 있을 수밖에 없다. 그래서 주말이 되면 어디든지 다녀와야 숨통이 트이고, 방학이 되면 국내든 해외든 좀 길게 여행을 다녀와야 다음 학기를 살아갈 힘이 생긴다. 이런 나를 보고 주변 사람들은 역마살이 끼었다고 한다. 나는 그 말을 부정하고 싶지만 부정할 수 없다. 지금도 나는 잠시도 가만히 잊지 못하고 어딘가를 싸돌아다니고 있기 때문이다.

이런 성격 탓인지 나는 고등학교 시절이 너무 싫고 힘들었다.

한창 혈기 왕성한 나이인지라 산으로 들로 싸돌아다녀도 시원찮을 판에 아무 데도 가지 못하고 꼼짝없이 책상 앞에 앉아 공부만 해야 했으니 얼마나 답답했겠는가? 그래서 나는 교사가 되면 공부만 강요하는 입시 중심의 학교 교육을 꼭 바꾸겠다고 결심했다.

교사가 되고 난 뒤 난 입시 중심의 학교 교육을 바꾸려면 어떻게 해야 할지 곰곰이 생각했다. 그래서 첫 번째로 얻은 결론이 승진하는 것이었다. 내가 승진해서 교장이 되거나 교육 관료가 되면 권력을 가질 수 있으니 학교 교육을 바꿀 수 있을 것 같았다.

경상북도 경산에 있는 OO초등학교에 처음 발령받았다. OO초등학교는 경상북도에서도 유명한 1번지 학교로 곧 교장, 교감으로 승진할 사람들이 쉬어가는 학교로 유명했다. 나는 OO초등학교에서 교장뿐만 아니라 교감, 교무부장, 체육부장, 정보부장 등등 승진했거나 승진하려고 노력하는 선배 교사들과 친하게 지냈고, 막내로서 귀여움도 많이 받았다.

그런데 승진하려고 하는 선배 교사들은 나처럼 학교 교육을 바꾸고 싶어 하지 않았다. 도리어 현재의 교육 시스템을 유지하려 했다. 그래야 본인이 안정적으로 승진하여 권력을 확보할 수 있고, 확보한 권력을 기반으로 편안하고 윤택한 교사 생활을 할 수 있었기 때문이었다.

나와 사고방식이 다른 승진하려고 하는 선배 교사들에게 적잖게 실망했고, 내가 만일 권력을 갖기 위해 그들과 같은 절차를 밟

게 된다면 그들과 똑같은 사고방식을 가진 교사가 될 것 같았다. 그래서 나는 승진을 깨끗하게 포기했다.

그러다 2000년에 친한 선배의 권유로 전국교직원노동조합(이하 전교조)에 가입하게 되었다. 당시 전교조는 합법화 2년 차로 교육의 대안세력이었다. 입시 중심의 교육체계를 비판했고, 학교의 민주화를 위해 노력했다. 전교조가 추구하는 이상에 심취했고, 이상을 실현하기 위해 전교조 활동가가 되어 근 10년 동안 열심히 활동했다.

전교조 활동가가 된 나는 일부 부패하고 독단적인 교장과 맞서 치열하게 싸웠다. 그리고 비민주적인 학교 제도를 바꾸기 위해 교육 관료와 학교 관리자들과 대립각을 세우면서 열심히 투쟁했다. 정말 힘들고 고됐지만 보람찬 날들이었다. 2004년에는 단체교섭 국장으로 활동하면서 전국에서 가장 진보적인 단체교섭 협약도 맺었다. 그 당시 나는 우수한 활동가로 인정받았고, 나 또한 전교조 활동가라는 자부심이 대단했다.

전교조는 합법화 10년이 지나면서 조금씩 한계에 부딪혔다. 전교조는 학교의 민주화에는 큰 공을 세웠지만 입시 중심의 학교 교육을 바꾸지는 못했다. 그래서 새로운 교육을 꿈꾸던 교사들이 조금씩 전교조에 등을 돌리기 시작했다.

전교조 활동가인 나도 한계를 느꼈다. 학교에서 항상 학교장과 대립각을 세우다 보니 체력적으로 한계에 부딪혔다. 그리고 걸핏

하면 학교장과 싸워 학교 분위기를 어수선하게 만들다 보니 동료 교사들은 나의 투쟁적인 모습에 불만이 많았다. 그렇게 나와 뜻을 함께하는 사람들은 점점 줄어들었고, 내 편이 없어진 나는 점점 고립되어 갔다.

그 당시 나는 내가 고립된 이유를 알지 못했다. 지금 곰곰이 생각해 보니 내가 추구했던 것과 추구하는 방법 사이에 괴리가 있었던 것 같다. 쉽게 말해 내가 학교의 민주화를 추구하기 위한 나의 행동들이 비민주적이었다.

학교 제도를 민주적으로 바꾸려면 상대의 처지를 이해하고 서로 양보하는 자세로 대화해야 한다. 그런데 나는 교장과 싸워 교장이 가지고 있는 권력을 빼앗으려고 했지 대화를 하지 않았다. 당연히 일반 교사들의 눈에는 독단적인 교장이나 투쟁적인 전교조 활동가 둘 다 똑같은 권력자로 보였을 것이고, 권력자 둘이 서로 권력나눔을 하는 것처럼 보였다.

그러던 중 2011년 7월 서울중앙지검 공안2부로부터 기소를 당하게 되었다. 현행법상 교사와 공무원은 정치활동을 할 수 없는데 이를 어기고 민주노동당에 가입해 매달 5천 원에서 2만 원씩 후원금을 냈다는 혐의였다. 검찰은 나를 포함한 243명의 교사와 공무원을 정치자금법 위반으로 기소했고, 우리는 재판 결과에 따라 교직을 떠날 수도 있었다. 그땐 참 암담했었다.

그때부터 매일매일 마지막일지 모르는 수업을 했고, 아이들과 함께 뭔가 뜻깊은 시간을 보내고 싶었다. 함께 웃고 함께 뛰어놀면서 함께 배우고 성장하는 그런 수업을 하고 싶었다. 그러나 아무것도 하지 못했다. 아이들과 나는 함께 대화를 나눌 수 있는 관계가 아니었다.

나는 학교에서 교장과 권력을 사이에 두고 관계를 맺었다. 그러다 보니 학교라는 같은 공간에 있었지만, 교장과 나는 각자 관리자와 노동자로 다른 삶을 살았다. 당시 아이들과도 똑같은 방식으로 관계를 맺었다. 권위로 아이들을 통제하고 관리하려 했다. 그러다 보니 교실이라는 같은 공간에 있었지만, 아이들과 나는 각각 교사와 학생으로 따로 살았다.

만일 그때 내가 대화하는 방법을 알았더라면, 아이들과 함께 잘 지낼 수 있었고, 내 편을 더 많이 만들어 학교의 민주화뿐만 아니라 입시 중심의 학교 교육을 바꾸는 데 일조했을지도 모른다. 하지만 그때 나는 대화하는 방법을 몰랐다.

그나마 다행히 정치자금법 문제가 잘 해결되었고, 나는 지금도 계속 수업하고 있다. 그리고 조금 늦은 감은 있지만 이제야 제대로 대화하는 방법을 배우고 있다. 근 14년 동안 서 교수님으로부터 배운 모든 것이 타자와 대화하는 방법이고, 그중에서도 특히 글쓰기 공부가 바로 대화하는 방법, 특히 내 편을 만드는 대화 방법을 익히는 과정이다.

상대를 내 편으로 만들려면 먼저 나의 문제의식이 무엇인지 정확히 알려줘야 한다. 그리고 상대로부터 함께 문제를 해결하고자 하는 마음을 끌어내야 한다. 한마디로 말하면 공감을 얻어야 한다는 것이다. 좀 더 자세히 말하면 나의 문제의식에 대한 공감과 문제 해결 방법에 대한 공감을 얻어야 한다는 것이다.

지난 학기에 내가 쓴 8편의 글을 다시 읽었다. 그리고 나의 글이 독자가 나의 문제의식에 공감할 수 있도록 써졌는지 살펴보았다. 처음 쓴 글을 읽어 보니 여러 가지 사건들을 너저분하게 나열만 했지, 내가 이 글을 왜 쓰는지, 나의 문제의식이 무엇인지 도무지 찾을 수가 없었다. 처음 쓴 글을 한마디로 정의하면 분량 채우기에 급급한 글이었다.

두 번째 쓴 글부터 네 번째 쓴 글은 첫 번째 쓴 글에 비해 글의 내용이 대폭 간추려져 있었다. 그리고 시기를 거듭하면서 문장도 많이 다듬어졌고, 문장의 배치도 연관성 있게 이어져갔다. 그러나 글의 논조에는 변화가 없었다. 상대의 공감을 얻으려고 하기보다는 내가 알고 있는 것을 강하게 주장하는 투였다. 그러다 보니 문제의식 또한 내 감정에 충실하게 기술하게 되어, 상대에게 나의 문제의식이 무엇인지 제대로 전달하지 못하는 한계가 있었다.

다섯 번째 쓴 글과 여섯 번째 쓴 글은 이전 글에 비해 불필요한 부분들이 대폭 삭제되어 간결하게 잘 읽혔다. 그리고 문제의식도 나름 명확하게 잘 드러나 보였다. 그러나 이러한 평가는 나의 평가일 뿐 서 교수님은 아직 부족하다고 했다. 이후 일곱 번째 글은 서 교수님의 조언에 따라 최대한 힘을 빼고 썼다.

지난 학기 동안의 글쓰기 과정을 되돌아보니 힘들기도 했지만, 나의 주장을 강하게 펼치고 있는 내 모습을 볼 수 있는 기회가 되었다. 그러면서 상대에게 공감을 얻으려면 어떻게 해야 하는지, 상대를 내 편으로 만들려면 어떤 노력을 해야 하는지 다시 한번 되짚어 볼 수 있어 좋았다. 부디 나머지 과정도 잘 마쳐 내 편이 많이 만들어졌으면 좋겠고, 하루라도 빨리 입시 중심의 학교 교육을 바꿀 수 있었으면 좋겠다. 그래서 사람을 구속하는 교육이 아니라 사람을 자유롭게 하는 교육을 할 수 있는 세상이 왔으면 좋겠다.

아주 보통의 하루

이효은

 오늘은 리더 동아리가 주최하는 '학급운동해'가 열리는 날이다. 2학기 학급학생회 임원으로 구성된 리더 동아리는 2주에 한 번 마니또를 하고 매달 1회 '학급운동해'를 계획하고 운영한다. 오늘의 종목은 이어달리기와 술래잡기다. 20여 분 동안 진행된 이어달리기가 끝나고 술래잡기가 시작될 참이다.
 술래는 파란 조끼를 입고 운동장 육상 트랙 밖에 서서 게임이 시작되기를 기다린다. 술래가 아닌 아이들은 운동장 육상 트랙 안에 삼삼오오 모여 있다. 게임이 시작되고 술래는 전속력으로 달려 친구들을 터치한다. 터치된 아이는 술래처럼 파란 조끼를 입어야 하고 조끼를 입는 즉시 술래가 된다. 시간이 지날수록 술래가 급속도로 늘어나 술래가 아닌 아이가 드물어진다. 모두 술래가 되면 놀이는 끝난다.

몇 번 해 본 게임이라 그런지 아이들은 기본에서 벗어나 자기들 식으로 술래잡기를 즐긴다. 술래에게 잡히기 싫어 내달리는 아이도 있지만 반대로 처음부터 술래가 되고 싶어 하는 아이들도 많다. 술래 앞으로 뛰어가 손을 휘저으며 술래의 터치를 구걸하지만, 술래는 일부러 모른 척을 하며 방향을 휙 틀어 뛰어간다. 좀 더 적극적으로 술래가 되고 싶은 아이는 술래의 손에 자기 몸을 갖다 대기도 한다.

6학년치고는 상당히 귀엽게 논다. 육상 트랙 밖으로 나와 열 맞추어 앉아있거나 축구 골대 그물에 나란히 붙어 있기도 한다. 술래가 오기를 기다리면서도 막상 술래가 오면 잡지 말라며 호들갑을 떨고 우리는 지금 한잔 중이니 잡지 말라고 깔깔거린다. 술래가 된 3명의 남자아이가 스크럼을 짜서 술래가 아닌 아이를 보호하기도 한다.

조회대에 기대어 아이들이 웃고 떠들며 신나게 노는 모습을 지켜보는데 오늘따라 이상하게 아무런 느낌이 들지 않는다. 아이들의 행동이 웃긴데 별로 웃기지 않고 추워서 그런지 교실에 빨리 들어가고 싶다. 내가 저 아이들의 담임이라는 사실이 생경하고 아이들의 세계와 내 세계가 완벽하게 분리된 느낌이다. 휴대폰을 꺼내 12월 달력을 보며 날짜를 세어본다. 방학까지 D-17일, 나는 충전이 필요하다.

20여 년 교직 생활을 하다 보니 몸의 리듬이 학사 일정에 맞춰진 것 같다. 나만 그런지 모르겠지만 아파도 꼭 주말에 아픈 경우가 많다. 평일의 끄트머리부터 슬슬 안 좋다가 주말을 꼬박 쉬고 나면 나아진다. 일년 단위로 보면 방학이 가까워질수록 몸도 힘들고 마음도 지친다. 그래서 우리 반 아이들처럼, 아니 내가 더 목 빠지게 방학을 기다린다.

하지만 살다 보면 방학이 오기 전에도 급격하게 마음이 지치는 일이 생긴다. 두 번의 소진을 겪으며 어떻게 하면 회복 탄력성을 높일 수 있을까라는 생각을 하게 되었다. 그렇게 찾은 나만의 방법은 나를 교사 효능감을 높일 수 있는 환경에 두는 것이었다. 교사 효능감이란 내가 교사로서 잘하고 있다는 믿음이다. 나 스스로 당당하다고 느낄수록 외부로부터 오는 스트레스에 대항할 힘, 회복 탄력성이 높아져 좀 더 단단해질 수 있었다.

교사 효능감을 높이기 위해 가장 먼저 한 일은 수업의 질을 높이는 것이었다. 학생들에게 수업에 대한 긍정적인 피드백을 받거나 준비한 수업이 마음에 들 때 교사로서 보람이 느껴졌다. 연구 교사나 수석 교사처럼 수업을 잘하지는 못하지만, 수업 자체가 즐겁고 기다려지는 경험은 교사 효능감을 높였고 교사로서 조금씩 당당해지는 마중물이 되었다. 실제로 가르치는 일에 대한 긍지와 보람은 교사가 경험하는 소진을 부분적으로 완화한다는 연구 결과도 보았다.

모든 과목을 잘 가르치는 것은 엄두가 나지 않아서 딱 한 과목만 정했다. 딱 떨어지는 내용이 다른 과목보다는 단기간에 내 것으로 만들기 쉬울 것 같아서 수학을 선택했다. 교사가 누릴 수 있는 좋은 점 중 하나인 연수를 십분 활용했다. 내로라하는 수학 교사들의 대면, 온라인 연수를 빠지지 않고 들었고 수학 수업을 참관하러 다녔다.

교재 연구를 하면서 교사용 수학 공책 정리를 했다. 모든 단원을 다 하지는 못했고 수와 연산 단원만 했다. 연수에서 알게 된 강사 선생님의 지도 내용을 거의 베끼다시피 했지만 그럼에도 불구하고 나에게는 큰 도움이 되었다. 판서를 어떻게 해야 할지, 무엇을 중요하게 가르쳐야 하는지 정리할 수 있었기 때문이다. 나만의 수학 정리 노트가 있어서 지금은 교과서를 펴지 않고도 별 부담 없이 수학 수업을 할 수 있다.

교사 효능감을 높이기 위한 두 번째 실천은 아이에 대한 내 생각을 바꾸는 것이었다. 2019년 4월 미장원에서 머리카락을 자르다가 원형 탈모인 것을 알게 되었다. 무슨 스트레스를 얼마나 받았길래 원형 탈모가 왔을까 의아해하며 저절로 나을 거라고 하며 한 달을 기다렸다. 머리카락이 나기는커녕 탈모 부위가 500원짜리 동전보다 커졌다. 그때부터 정기적으로 피부과를 다녔는데 8월부터 머리카락이 나기 시작해 그해 12월에 완치되었다.

원형 탈모의 원인은 스트레스라고 하던데 아무리 생각해도 학생 스트레스밖에 없었다. 3년간의 만족스러운 휴직을 마치고 원적교로 복직을 하여 2018년, 2019년 두 해 연속 3학년 담임을 맡았다. 학교와 집은 도보 15분이었으니 매우 가까웠다. 30대 후반이었고 건강에 이상이 없었다. 배우자, 자녀, 부모형제, 학교 동료들과도 문제없이 잘 지냈다.

원형 탈모의 원인이 나를 힘들게 하는 우리 반 아이들이라 해도 그 인과관계를 증명할 수 없으니, 뭔가 억울했지만 그저 받아들였다. 인근 학교에서 꼬리표를 달고 와 틈만 나면 친구를 툭툭 건드리는 아이, 해사하게 웃지만 행동의 한계가 명확하지 않아 가정 교육의 부재를 느끼게 하는 아이, 이혼한 우울증 어머니를 그리워하며 친할머니 손에 자라는 유리알 멘탈 아이 등 학교 밖 일상은 평온했으나 학교 안 일상은 매일이 사건 사고의 연속이었고 티끌 모아 태산인 사고들을 해결하는 것이 힘에 부쳤다.

학교를 옮긴 이후에도 여전히 교실에서 만나는 아이들로 인해 힘이 들었다. 교직 인생 처음으로 경계선 지능 아이를 만났을 때는 어떻게 해야 할지 몰라 답답했다. 학습뿐 아니라 생활면에서 많은 어려움을 보이는 아이 때문에 돌아버릴 지경이었다. 태연하게 거짓말을 하고 물건을 훔치는 아이를 달래기도 하고 심하게 혼내기도 하며 아이의 학부모와는 친구처럼 자주 연락을 주고받았다. 아이에게 많은 시간을 할애했지만, 관계는 좋지 않았고 그렇게 한 해를 마무리했다.

4급지 학교라서 그랬는지 다음 해에도 경계선 지능 아이를 만났고 작년과 다른 면으로 힘들었다. 그러다 '아이 눈으로 붓돌' 연구회를 알게 되었고 아이를 이해하는 체계적인 방법을 배워 실천했다. 반년 동안 아이를 이해하고 나를 돌아보는 시간을 가지면서 경계선 지능 아이를 대하는 나의 태도가 바뀌었으며 내 마음도 덩달아 편안해졌다. 그 한 번의 경험은 경계선 지능 아이가 아닌 다른 아이를 이해하는 데도 도움이 되었고 앞으로도 그럴 것이라는 생각이 든다.

교사 효능감을 높이기 위한 세 번째 실천은 학부모를 대하는 태도를 바꾸는 것이었다. 아이로 인한 소진이 가늘고 길었다면 학부모로 인한 소진은 짧고 굵었다. 퇴근 후 침대에 쓰러져 신생아처럼 잠만 잤다. 먹는 것, 씻는 것, 무언가를 한다는 자체가 힘들어서 일주일 동안 딸아이 식사 한 번 챙겨주지 못했다. 내 감정과 행동을 내가 조절할 수 없는 일주일이 지나고 나서야 소진의 동굴에서 나올 수 있었다. 동굴 밖으로 나오니 그제야 내가 일주일 동안 극심한 우울에 빠졌었고 학교에서는 티내지 않으려 노력했으며 나 스스로 나의 힘듦을 외면했다는 사실을 알아차렸다.

그 해 나는 우리 반 영희 어머니와 통화할 때마다 기분이 나빴다. 자신의 화를 교사가 받아줘야 한다고 생각하고 무례하게 말하고 행동하는 것이 싫었다. 한 번은 무례하게 말하지 말라고, 전화 끊겠다고 말한 뒤 전화를 끊었는데 영희 어머니는 그 즉시 교무실로 전화했다. 그렇게 감정적으로 서로 평행선을 달리던 중에 사건이 발생했다. 영희 아버지와 어머니는 운동장에서 누가 던진 돌에 맞았다고 찾아온 영희를 내가 대수롭지 않게 여겼다며 화가 나서 학교로 찾아왔다.

교감 선생님은 출장으로 계시지 않았고 교무실에 계시는 두 부장님과 영희 아버지와 어머니, 나 이렇게 5명이 교무실의 넓은 탁자에 모여 앉았다. 학부모와 내가 서로 감정이 격해질 때마다 두 부장님이 학부모를 진정시켰다. 당시에는 부장님께 고마웠지만 한편으로는 왜 내가 굽혀야 하는지 화가 나서 내 화를 누르는 것만도 힘들었다. 이때다 싶어 교무실로 들이닥친 학부모와 마주하는 것 자체가 싫었다. 이유는 모르겠지만 영희 어머니의 친구인 철수 어머니도 학교로 같이 왔는데 교무실에는 들어오지 않고 같은 층 복도 의자에 계속 앉아있었다.

억울하고 분했으며 화가 났고 무기력했다. 학부모에게 빌미를 주었음을 자책하며 나는 빠르게 소진의 동굴 속으로 빠져들었다. 그해 교실 속에서 안간힘을 쓰며 버텼던 나는 더 이상 버티지 못하고 무너졌다. 거짓말을 하고도 딱 잡아떼며 친구에게 말을 맞추자고 하는 아이가 힘들었고, 자주 자녀를 학교에 보내지 않으면서 한 번도 먼저 연락하지 않는 그 아이의 학부모가 짜증났다. 수업 중 마음에 안 드는 친구를 죽이겠다며 당근칼을 꺼내 친구 앞으로 무작정 가거나 물건을 집어 던지는 아이가 힘들었고, 그 아이의 학부모가 힘들었다.

  하지만 모든 것을 학부모 탓으로 돌리는 것은 문제 해결에 도움이 되지 않았고 좀 더 나은 방법으로 학부모를 대하고 내 감정을 조절하기 위해 노력해야겠다고 생각했다. 이러한 노력의 과정은 나를 돌아보는 과정이며 내가 바뀌는 과정이라 시간이 오래 걸리는 만큼 할 수 있는 만큼만 조금씩 애쓰고 있다.

  전화 통화 중 강하게 화를 내는 학부모가 있었다. 불쾌하고 당황했지만 최대한 대응하지 않고 숨을 고르며 짧게 대답만 했다. 상대가 화를 내고 있다는 사실을 알아차리고 내 마음을 딱 붙잡고 있으면 무례한 상대에게 휘말려 감정적으로 대응하지 않을 수 있다고 생각했다. 하지만 상황은 내 생각과 다르게 흘러갔는데 학부모는 내가 마지못해 대답하는 것처럼 들렸다며 더 화를 냈다. 최대한 차분하게 왜 이렇게까지 화를 내시는지 모르겠다고 했더니 그 이유를 모르겠냐며 또 화를 냈다. 녹음하겠다고 말한 뒤 휴대폰 녹음 앱을 켜서 수화기에 갖다 댔다. 학부모는 얼마간 더 화를 내다가 교장에게 전화하겠다며 전화를 뚝 끊어버렸다.

얼마 후 교실로 찾아오신 교감 선생님과 학부모 민원을 어떻게 해결해야 할지 이야기를 나눴다. 나는 학부모에게 내 탓을 할 순 있지만 이미 다 해결된 아이들 문제를 어른 문제로 만들지 않았으면 좋겠다는 문자 메시지를 보냈다. 모든 것이 교사인 내가 자신의 신뢰를 잃어서 생긴 일이니 책임지고 잘 마무리하라는 문자를 받았을 때는 불쾌했지만, 알겠다고 답했다.

나는 내 행동을 되돌아보았지만 자책하지는 않았다. 아이들끼리 다 해결된 일을 다시 수면 위로 꺼내는 것이 아이들에게 좋지 않다고 생각한 것은 그 상황에서 내가 할 수 있는 최선의 판단이었다. 내가 잘못한 부분이 있다고 하더라도 화로 해결할 문제는 아니었다. 학부모 스스로 멈출 기회는 여러 번 있었으며 학부모는 화를 조절하지 못하는 모습을 자녀의 담임에게 고스란히 보였다. 나는 서툴렀지만, 감정을 조절하기 위해 노력했고 그 사실이 내 마음을 편하게 만들어서인지 생각만큼 화가 많이 나지는 않았다.

마지막으로 뜻을 같이하는 교사들과의 연구회 활동은 교사 효능감을 높이는 최선의 방법이었다. 뛰어난 소수의 교사에게 배움을 얻는 것보다는 아주 보통의 하루를 보내는, 같은 마음을 가진 교사들의 연대를 통해 내가 직접 실천하며 내 역량을 기르는 일이야말로 진정으로 나를 단단하게 만든다는 것을 최근 몇 년의 경험으로 알게 되었다.

연구회 활동은 평소의 나라면 하지 않았을 일들을 하게 만들었다. 40대 중반의 늦은 나이에 대학원에 진학했으며 여러 선생님 앞에서 경계선 지능 아이와의 '거울문 토론법을 이용한 수업' 이야기를 소개하였다. 내가 그간 교사로서 했던 많은 일들이 의미 있는 일이라는 생각도 하게 되었다. 교육과 배움이 무엇인지 생각하였고 나의 경험과 생각을 글로 표현하는 재미를 느끼게 되었다.

내 나이가 되면 어느 정도 완성형이 되어 있겠거니 생각했는데 그렇지 않았다. 늘 하던 대로 똑같은 행동을 하면서 다른 결과를 바라는 것은 욕심이기에 내가 가지고 있는 사고의 틀을 인식하고 그 틀을 조금씩 깨려고 용기를 내고 있다. '어설퍼도 할 수 있는 만큼만 조금씩 용기를 내자, 대신 즐거우면 더 할 수도 있다.'는 마음으로 교사로서 당당하게 아주 보통의 하루를 살고 지키고 있다. 연구회 활동이 나를 변화시킨 것이다.

지극히 개인적인 나의 이야기를 정리하면서 든 생각은 교사로서 내가 겪은 어려움은 능력 없는 나로 인해 생긴, 그래서 개인이 알아서 헤쳐 나가야만 하는 나만의 어려움은 아니라는 것이다. 그렇기에 교사의 어려움과 그로 인한 소진을 고립된 교실에서 각자도생하며 개인의 일로 만들어서는 안 된다. 아주 보통의 하루하루를 보내는 평범한 교사의 불안은 교사 혼자서 도저히 해결할 수 없음을 몇 해 전 젊은 교사의 안타까운 죽음을 통해 배우지 않았던가.

쉬쉬하고 끙끙거리기보다 교사의 입장에서 어려움을 해결하기 위한 노력을 이어나갈 것이다. 나보다 먼저 교사 효능감을 높이는 일을 실천하고 있는 선후배 교사에게 지혜를 얻고, 동료들과 함께 조금씩 연대하며 성장하고 서로를 돌보는 일을 하고 싶다.

소진은 언제 어떻게 찾아올지 알 수 없는 교통사고 같은 것이다. 처음에는 그것이 소진인 줄도 몰랐지만, 이제는 안다. 만약 소진이 다시 찾아온다면 나는 나에게 이렇게 말할 것이다.

"무기력하고 자신 없고 부정적인 느낌으로 가득 찼다면, 아주 보통의 하루를 보낼 수 없다면 넌 지금 소진에 빠진 거야. 너에게 쉼과 주변의 도움이 주어진다면 소진의 늪에서 벗어날 수 있어. 감당할 수 있다고 믿으며 혼자 끙끙거리지 마, 내가 담임이니 내가 아니면 누가 하겠냐는 생각도 하지 마, 내 반 학생은 내가 끝까지 책임진다는 마음도 네가 소진에서 벗어난 후에 하는 거야. 상황을 복기하며 자책하지 말고 일단 쉬어. 넌 그래도 돼. 넌 충분히 그래도 돼."

우리가 감당해야 할 힘듦

변수정

작년부터 한 달에 한 번 다섯 분의 선생님들과 독서 모임을 한다. 교육청에서 소정의 예산도 지원받아서 하는 모임이다. 교육청 공문의 정식 명칭은 '교직원 독서토론 동아리'지만, 꼭 토론의 형식을 고집하지 않고 함께 읽고 책 이야기를 나누고 있다.

그런데 지난달 교직원 독서동아리 모임은 그냥 이야기 마당이었다. 책 이야기를 나누는 모임이지만, 그때는 그럴 수 없었다. 회원 중 한 분인 보건 선생님이 속상한 일을 겪었고, 그것을 나눠야 했기 때문이었다.

3학년 남자아이 서진이는 보건실 단골손님이다. 큰 눈망울에 시원하게 뻗은 콧대, 호리호리한 몸집은 누가 봐도 잘생겼다고 할 만하다. 그런 외모 때문인지 선입견이지만, 첫눈에 무척 똑똑해 보이는 서진이다. 올해 환갑인 보건 선생님은 아이들이 귀엽기만 해서 보건실 단골들에게 친절하다. 그중에 서진이는 유독 눈에 띄었고, 마음이 갔다.

어느 날 점심시간이었다. 서진이가 급식실에서 식판을 집는데 위에서부터 가져가지 않고, 식판 중간을 들어 억지로 꺼내는 모습을 보건 선생님이 보게 되었다. 다른 식판이 오염될 수도 있고, 서진이나 곁의 아이들에게 위쪽 식판이 쏟아질 수도 있었다. 그래서 보건 선생님은 서진이의 어깨를 짚어 뒤돌아보게 한 후, 그러지 말라고 주의를 주었다. 서진이는 굉장히 화를 내며 왜 어깨를 짚냐고 보건 선생님께 항의했다.

순간 당황한 보건 선생님은 "네가 잘 못했잖아, 뒤에 아이들이 기다리니 밥이나 먹자." 한 후, 노려보며 화를 내는 서진이를 뒤로 하고 배식을 받아 교직원 자리로 갔다.

그날 방과 후 서진이네 담임으로부터 전화가 왔다. 서진이가 오후 수업에 거의 참여하지 않았는데, 그 이유가 점심시간에 있었던 일 때문이라 했다. 꼭 사과받아야 한다며 고집을 부리고 있다고. 이게 사과할 일인가.

하지만, 어깨를 짚은 건 사실이었고, 요즘 학교 분위기상 아동학대니 뭐니 하며 시끄러워질까 걱정되었다. 보건 선생님은 담임 선생님과 함께 서진이를 보건실에서 만났다. 서진이는 도끼눈으로 노려보며 사과받아야 하는 이유에 대해 웅얼거렸다.

두서없는 이야기를 한참 들어보니 첫째, 다른 아이도 식판을 들고 중간에서 빼갔는데 자기만 야단쳤다는 점. 둘째, 어깨를 짚었는데 즉시 사과를 하지 않았던 점. 셋째, 평소 보건 선생님이 자기를 미워해 제대로 치료해 주지도 않고 빨리 교실로 가라 했다는 점을 들었다.

보건 선생님은 첫째 이유에 대해서는 못 봐서 그랬지 너만 문제 삼은 게 아니다 미안하다고 사과하며 항변할 수 있었지만, 둘째와 셋째, 특히 셋째 이유에 대해서는 수긍할 수 없었다. 그러나 담임이 이미 전화로 간곡히 부탁했던지라 그 자리에서는 서진이에게 사과했다.

하지만, 보건 선생님은 두고두고 그 일이 속상했다. 그렇지 않아도 그동안 서진이가 보건실에 와서 고집을 피워 곤란했던 적이 많았다. 열이 나지 않는데 머리가 아프다며 개인 폰으로 엄마에게 전화를 해달라고 하거나(학교 전화로 하면 엄마가 받지 않는다고 했다), 다리에 작은 찰과상을 입어 약을 발라주었는데 필요 없는 붕대 드레싱을 해달라고 하거나, 아침마다 배가 아프다며 침대에 누워 쉬려고 했다.

그럴 때마다 보건 선생님은 번번이 서진이에게 졌다. 자신의 요구를 들어줄 때까지 교실에 돌아가지 않고 대기 의자에 앉아 버텼기 때문이었다. 보건 선생님 생각에 똑똑해 보이는 아이가 이러는 데는 이유가 있을 것 같았다. 그래서 더 예뻐하고 잘해줬는데 이게 뭔가?

적반하장이 따로 없었다. 간호장교로 전역하고 사회에 첫발을 디딘 후, 학교와 연이 닿아 육십 평생 아이들 아픈 곳을 어루만지며 살아왔다. 눈에 보이는 외상만이 아픈 게 아니라는 걸 경험적으로 터득해 아이들 마음까지 헤아리려 애썼다. 서진이 일로 그동안의 삶이 부정당하는 것 같아 서러웠다.

독서동아리의 다른 회원들은 보건 선생님이 이야기를 충분히 할 수 있도록 잘 들었다. 그리고 비슷한 경험을 한 보따리씩 꺼냈다. 규칙에 저항하고, 분노를 참지 못하는 아이들과 거기에 가세하는 학부모들. 현장에서 피부로 느끼기엔 이런 이들이 더 늘어나고 있다는 것도. 그럴 때마다 교사가 느낄 수밖에 없는 자괴감과 싸우는 게 얼마나 힘든 일인가 하는 것까지.

그리고 보건 선생님이 마음을 추스르자, 그달 함께 읽은 책 이야기를 잠시 이어갔다. 빅터 프랭클의 『죽음의 수용소에서』였다. 그날 모임은 "올 때는 기분이 좋지 않았지만, 깊이 이해받은 느낌이라 감사했다."는 보건 선생님의 마지막 말로 마무리되었다.

모두가 흩어지고 난 후, 사무실에서 퇴근을 잠시 미룬 나는 그날 빅터 프랭클의 『죽음의 수용소에서』의 한 구절에 계속 머물렀다. 회원 중 한 명이 공감한 구절을 다음과 같이 선택했다.

인간이 시련을 가져다주는 상황을 변화시킬 수는 없다. 하지만 그에 대한 자신의 태도를 선택할 수는 있다.

나는 그 구절과 우리의 삶이 겹쳐 다가왔다. 모든 직업마다 감당해야 할 힘듦이 있다. 세상이 변해가면 그 감당해야 할 부분도 달라진다. 우리 사회는 유례가 없는 저출생 현상과 함께 급속하게 개인주의화되고 있다. 그렇게 본다면 앞으로 서진이 같은 아이는 더 늘어날 가능성이 높다. 그런 서진이들을 앞으로 어떻게 만나갈 것인가, 어떤 태도를 가져야 할 것인가.

정리되지 않은 마음을 뒤로하고, 천천히 사무실 문을 잠그는 내 손은 그날따라 무거웠다.

인간의 본성은 선하다에 한 표

변수정

 햇빛이 너무 투명해서 도저히 집에 있을 수 없었던 토요일 아침, 나는 가벼운 차림으로 카페에 갔다. 바람은 비단처럼 얼굴을 부딪쳤고, 희미한 산향기를 머금은 공기는 신선했다. 등에 햇살을 받으며 20분 남짓 걸었다. 어느 5월의 평화로운 아침 풍경 덕분에 모든 것이 완벽했다. 혼자여도 외롭지 않고, 누가 있어도 귀찮지 않은 순간이었다.
 아침을 여유롭게 시작한 나는, 내친김에 동네를 한 바퀴 돌기로 했다. 눈부시게 빛나는 햇살이 가득한 아파트 단지 내는 어딜 봐도 초록이었다. 그런데 유난히 흰 바지 둘이 선명하게 눈에 들어왔다. 1학년쯤 되었을까? 남자아이 둘이 화단에 대고 절을 했다.

어라? 절을 하네? 싶었는데 다시 손을 모으고 땅바닥에 엎드렸다. 인적이 드문 토요일 오전, 나는 너무 신기한 모습에 다가갔다. 절을 두 번 마친 아이들은 잠시 머리를 숙이고 묵념하는 듯했다. 가까이서 보니 유독 하얬던 바지는 태권도복이었다. 뭘 하고 있었는지 묻는 내게 아이들은 "제사를 지냈어요."라고 했다. 그러고 보니 그 앞에 조잡한 문구점용 과자가 몇 개 가지런히 놓여 있었다.

오호 이 녀석들 봐라? 누가 물었을까? 궁금해하는 내 표정을 읽었는지 아이들은 앞니가 빠진 잇몸을 훤히 드러내며 이야기했다.

"여기에 달팽이가 있고요, 저기에 새가 있고요. 저쪽에는….."
"지금 다 절하고 제사 지낼 거예요."

아파트 단지 화단 서너 군데에 그들이 의미 있게 묻어준 생명들이 있었다. 태권도 학원 행사 가는 길에 제사를 지내고 가기로 했다고 한다. 아파트 앞 작은 마트에서 과자를 산 두 친구는 일부는 먹고, 일부는 제사에 썼단다. 달팽이를 언제 키웠는지, 어떻게 생겼고, 어쩌다 죽었는지, 그래서 어떻게 했는지, 죽은 새를 어디서 발견했는지, 어떻게 묻어주었는지 등등…. 신나게 이야기를 이어나가는 아이들의 표정은 상실의 슬픔보다는 추억의 기쁨이 컸다.

아이들과 한바탕 이야기를 하며 나는 깜짝선물을 한아름 받은 느낌이었다. 사람이 이토록 사랑스러울까. 살았을 때 다른 존재들과 정을 나누고, 죽은 후 고이 묻어주고, 그것을 기억하며 기뻐하는 모습이 얼마나 예뻤는지 모른다. 처음에 키우던 달팽이를 묻어주라고 어른들이 시켰다손 치더라도 생명이 다한 다른 동물까지 챙기라고, 그리고 제사까지 지내라 하진 않았을 텐데. 야무지게 하는 절도, 잠시의 묵념도, 어른들의 모습을 흉내낸 거겠지. 의외의 관심으로 약간 흥분했는지 코 평수가 넓어진 두 아이는 눈동자를 반짝이며 다음 목적지로 서두른다. 며칠 전의 새부터 작년 가을 잠자리까지 제사를 지내려면 시간이 없단다. 중력의 영향을 받지 않는 듯, 바람에 나부끼는 나뭇잎처럼 가볍게 뛰어가는 뒷모습이 너무도 귀여워 사뭇 바라보았다.

내게 자신들을 조현우, 이싱준이라 소개했던 두 아이는 다른 동물들도 묻어줄 것이라고, 앞으로 영원히 그렇게 할 것이라고 맹세했다. 당연히 지금 그들의 고양된 마음만큼 실천하지 못할 맹세일 테다. 그러나 그들로 인해 현재는 영원으로 이어진다. 다른 생명에 대해 존중하고, 예를 다하는 모습에서 인간 본성에 대한 맹자의 말을 떠올렸다.

맹자가 인간이 본래부터 선한 마음을 갖고 있다는 성선설을 주장했음은 유명하다. 그는 인간이 인의예지라는 군자의 덕을 싹

틔우는 4가지 단서로 측은지심, 수오지심, 사양지심, 시비지심을 가졌다(맹자, 김원중 역 2021, 122-123)는 사단설을 설파했다. 심리학도 없고, 뇌과학도 없고, 그 어떤 과학의 도움도 없었던 2400년 전, 맹자는 오로지 인간을 면밀히 관찰하고 추론하며 인간을 이해한 인문학의 대가였다.

그 당시 맹자는 인간의 어떤 모습을 보았을까?

혹시 아이들의 이런 모습을 본 건 아닐까?

사람이 아름다운 것은 그 안에 사랑이 있기 때문이다. 그 사람 안에 있는 사랑은 그 자신만이 흘려보낼 수 있고, 그를 통해 전해진다. 사랑이 흘러나올 수 있게, 그가 사랑을 전할 수 있게 안전한 분위기를 만드는 것, 그리고 그가 흘러넘치는 사랑에 익숙하게 하는 것, 그것이 교사의 역할이다. 모든 어른의 역할이다. 아이들에게 받은 깜짝선물 덕분에 나는 월요일이 기다려졌다. 모처럼 월요병 없이 출근할 수 있을 것 같았다.

짧지만 긴 여행, 학교 감상하기

변수정

　우리 학교에 처음 와 본 사람들은 어디가 어디인지 잘 모르겠다며 혼란스러워힌다. 그도 그럴 것이 곁에서 보면 강당이 있는 앞 동과 각종 교실이 있는 5층짜리 건물 뒷 동, 2개의 동으로 된 것 같다. 하지만, 정작 뒷 동은 다시 3개의 동으로 되어 있는 데다가 전체 4개의 동을 세로로 연결하는 하나의 동이 붙어 있다. 거기다 2층부터 모든 동이 연결되고 2, 3, 4층에 가운데 부분이 대각선처럼 큰 계단이 가로지른다. 실내에서 어디에 무엇이 있는지 파악하기까지 넉넉잡아 한 학기는 족히 걸린다. 그러나 나는 낯선 이에게 친절하지 않은 우리 학교를 좋아한다.

『건축이란 건축가와 환경의 대화』(유현준, 2018, 어디서 살 것인가 중)라는 말처럼 곳곳에 배어있는 건축가의 속삭임이 재미있다.

지금도 만나 본 적 없는 건축가는 장장 3개의 층을 가로지르는 큰 계단을 통해

'서로 다른 층에 있는 사람도 소통할 수 있어야 해'

그 계단 끝에 3면이 통창인 햇살 가득한 도서관으로 연결해서

'공부의 가장 핵심은 독서지'

전면 유리로 된 복도 끝 창문들은 자연 채광을 적극적으로 끌어와

'에너지를 절약해 하나뿐인 지구를 소중히 하자'

교실 옆 군데군데 넓은 놀이 공간은

'놀지 않고 공부만 하는 사람은 바보가 된단다. 우리 신나게 놀아볼까?'라고 소곤거린다.

봄, 여름, 가을, 겨울, 교실과 복도에 있는 수많은 창, 그리고 5층 천창은 각기 다른 풍경을 경쟁하듯 실내에 펼쳐놓는다. 빛의 기울기에 따라 변하는 열기, 바람의 강도에 맞춰 춤추는 조경수를 통해 밖에 있는 것보다 더 빨리 계절의 변화를 알아차릴 수 있다. 또, 시시각각 변하는 풍경에 뺏겼던 눈을 아래로 살짝 내려 보면 여지없이 주인 잃은 실내화 한 짝, 분명 교과 시간 이동하다 흘렸음 직한 공부한 흔적으로 빼곡한 학습지, 그리고 그 짝인 연

필과 지우개, 가끔은 학교 앞 문구점 외에 어디서도 구경할 수 없는 조잡한 과자 봉지까지.

자세히 보면 많은 흔적들이 굴러다니며 곳곳에서 여기는 누가 무엇을 하며 살고 있는 곳인지 이야기한다. 나는 가끔 아이들이 집으로 간 다음 이런 속삭임을 들으러 다닌다. 특히 여러 가지가 겹쳐 정신없이 일을 해야 했거나, 사람들과 부대껴 힘겨웠을 때, 내 몸과 마음을 추스르려, 나는 학교를 낯설게 감상한다.

이때 학교는 내가 일하는 장소에서 벗어나 예술품이 된다.

그리고 믿을 수 없이 고요해진 학교의 늦은 오후를 가슴 한가득 들이마신다. 눈을 감고 숨을 턱까지 가두어 두었다가 다시 게슴츠레 눈을 뜨고 천천히 천천히 내뱉는다. 그러면 아득히 먼 곳에 있었던, 잊었던 낯선 느낌들이 익숙하게 나를 감싼다.

어릴 때 나는 혼자 자랐다. 고무줄놀이, 공기놀이, 숨바꼭질, 어미발 새끼발, 오징이가생 등 오전 내내 친구들과 놀아도 시간은 남았다. 집에 돌아오면 일터에 간 엄마 대신 방 윗목에 상보가 단정하게 덮인 점심상이 나를 기다리고 있었다. 미지근하게 식은 밥과 시큼한 김치, 몇 토막의 구운 생선의 비린내를 맡으며 점심을 천천히 먹었다. 혼자 인형 놀이를 해도, 혼자 그림을 그려도 시간은 느리게만 갔다.

내가 살던 20평 남짓한 도시형 한옥 브로크집은 ㅁ자여서 늦은 아침부터 이른 오후까지만 햇빛이 들었다. 해님은 아침 먹고 내가 놀러 나갈 때 문간방 쪽을 비추다가 목이 빠져라 엄마를 기다릴 때쯤엔 아랫방을 비추다 꼴딱 넘어갔다. TV에서 어린이 방송을 시작하려면 몇 시간 있어야 했고, 각방마다 세를 얻어 살고 있었던 어른들이 고단한 일상을 마무리할 때까지도 멀었다. 나는 햇빛이 지나간 자리에 뺨을 대고 숨을 쉬었다. 뺨에 느껴지는 온기와 집이 다닥다닥 붙은 동네의 이상한 고요함이 묘하게 어울렸다.

한동안 그렇게 있다 보면 혼자 있어도 무섭지 않고, 시간도 빨리 갔다. 하나둘 어른들이 돌아오고, 집 밖 전봇대에 가로등이 켜지면 집집마다 저녁을 준비하는 소리, 씻는 소리, 사람들의 이야기 소리로 소란하다. 까무룩 잠이 들었던 나도 기분 좋게 깨어난다. 엄마가 어두침침하고 좁은 부엌에서 저녁을 준비할 때면 나는 방 뒤쪽에 나 있는 쪽문으로 엄마를 봤다. 연신 뭔가를 하느라 바쁜 젊은 엄마의 뒷모습을 보다 TV에서 방영하는 어린이 만화를 보고, 저녁을 먹고, 씻고, 놀다가 잤다.

고요했고, 외로웠고, 한편 따뜻했던 나의 어린 시절. 그때와 연결되는 순간이 바로 내가 학교를 감상하는 지금이다. 문득문득 그때의 장면이 빛바랜 수채화처럼 떠오르고 지금 내가 보고 있는 학교의 한 부분과 자연스레 겹친다. 가만히 내딛는 발아래로 기분 좋은 냉기를 느끼며 나는 내 자리로 돌아온다. 학교의 속삭임을 듣다 보면 북적거렸던 내 겉과 속은 어느샌가 고요해진다.

짧지만 긴 여행을 한 것 같다.

엄마들의 걱정, 한글 깨치기

변수정

다행히 비가 오다 그쳤다. 창문을 내다보며 야외 학습을 가늠하던 아이들과 내 표정이 훤해진다. 화단 주변에 작은 웅덩이가 생겼고, 흙이 젖었지만, 그래도 괜찮다. 오늘은 개미 대신 지렁이를 보면 된다. 아이들에게 우리 학교 곳곳에 있는 식물과 동물을 관찰하는 방법을 알려 준다. 마지막으로 주의할 점은 없을까 느긋하게 질문하는 나와는 달리, 아이들은 마음이 바쁘다. 빨리 화단으로 나가고 싶은 마음에 생명을 소중히 여겨야 한다고, 안전하게 관찰해야 한다고 목에 핏대를 세워 소리친다.

종합장과 연필을 챙겨 들고 밖으로 나가자 "와!" 하는 소리와 함께 아이들은 나래원으로 일단 뛰어간다. 삼삼오오 모여 관찰하고 이름을 쓰던 아이들에게서 "꺅!", "으악!" 하는 소리가 들린다. 아마 비 온 뒤라, 땅 위로 올라온 수많은 지렁이들이 아이들과 만나는 중인가 보다.

'자연 지도 그리기'가 오늘 주제다. 일반적으로 생태 지도라고 하지만, 말이 어려워 쉽게 풀이한 것이다. 학교에는 나래원과 가람원, 두 개의 화단이 조성되어 있다. 소나무, 불두화, 수수꽃다리, 산철쭉, 맥문동, 비비추, 모과나무, 살구나무, 목련나무, 산수유…. 꽤 많은 식물이 잘 가꾸어져 있고, 그 사이사이 개미, 공벌레, 지렁이, 지네, 애벌레 등이 어울려 살아가며 작지만 아름답게 생태 환경을 이룬다.

가끔 가까운 비슬산에서 놀러 온 산새들이 나무 위에서 쉬다 노래한다. 다만, 주차장에서 나래원을 거쳐 유치원 쪽으로 가는 차가 있을 수 있어, 길목에 서서 아이들을 바라본다. 누가 내 팔을 꼭꼭 찌른다. 돌아보니 종민이다. 종민이가 "선생님, 이 꽃 이름은 뭐예요?" 묻는다.

어느새 맑게 갠 하늘이 담겨 있는 종민이의 큰 눈동자가 시원하다.

"베고니아"

나래원 안으로 차가 다니지 못하게 놓여 있는 큰 화분에 심겨 있는 꽃이다. '베'를 못 쓰고 있기에 내가 종합장에 '베'라고 써

준다. 이어 뭉툭한 연필을 꾹꾹 눌러 한 글자 한 글자 소리 내며 '고', '니', '아'라고 쓴다. 종민이의 종합장에는 크고 삐뚤삐뚤하게 '개미'가 쓰여있다. 종민이는 세상 진지하게 개미가 죽은 애벌레를 데리고 가던 장면을 이야기한다. 그리고 바위틈에 끼인 지렁이도 봤단다.

다시 조심스럽게 "선생님 지렁이 쓰고 싶은데 못 쓰겠어요."라고 한다. 나는 쓸 수 있다며 어깨를 두드린 후, 아버지 할 때 '지'를 쓰고, '러'를 쓰고, '이'를 쓰라고 한다. 종민이가 종합장에 '지러이'라고 쓴다. 마지막으로 함께 읽고,

"좀 이상하지? 뭐가 들어가야 할 것 같아?"

"…, 이응이요."

종민이는 힘주어 러 밑에 ㅇ을 쓰며 앞니가 하나 빠진 잇몸을 드러내며

"지렁이" 크게 읽고 활짝 웃는다. 저쪽에서 버섯을 봤다는 아이들의 소리가 왁자지껄하자, 곧 몸을 돌려 그쪽으로 향한다. 결 고운 머리카락이 나풀거리는 뒤통수를 보니 확실히 많이 컸다.

종민이는 한글을 모르고 입학했다. 그리고 듣고 이해하는 속도도 느렸다. 1학년 담임이 종민이를 위해 협력 교사를 신청했다. 협력 교사는 4월부터 매일 2시간씩 정규 수업에서 종민이가 내용을 알아듣도록 도왔다. 방과 후에는 한글 교실과 수학 교실에서 협력 교사를 만나 공부했다.

내가 종민이를 만난 지난 9월에도 종민이는 한글을 잘 몰랐다. 들은 내용을 이해하지 못해 수업 시간에 활동하지 못하고 가만히 있는 경우가 많았다. 그래서 수업 중간중간 아이들이 활동을 시작하면, 종민이 곁으로 가서 모르는 글자를 알려 주거나 활동하는 방법을 다시 짚어주곤 했다.

그랬던 종민이가 2학년이 되니 이제 음가와 낱자를 제법 연결한다. 그럼 된 거다. 한글은 음가와 낱자를 연결할 수 있으면 그 다음부터는 스스로 읽고 생각하고 수정한다. 아마 좀 지나면 언제 한글을 더듬거렸나 싶게 유창해질 거다.

해솔이가 땅을 파고 애벌레를 잡았다면서 흥분한 아이들이 먼지처럼 몰려다닌다. 종민이도 기웃거리다 바로 옆에 있는 나무 패찰을 본 후, 종합장에 쓴다. 뿌듯한 마음이 들어 한참 종민이의 모습을 눈으로 좇는다.

'한글 익히기가 저렇게 자연스러운 일인데….'

지난주 '유초 연계 이음 교육' 컨설팅을 하러 유치원을 2곳 방문했다. 유치원을 졸업한 아이들이 초등학교에 잘 적응할 수 있도록, 유치원 열매반 담임과 초등학교 1학년 담임들이 함께 다양한 프로그램을 기획하여 진행하는 사업이다. 내 역할은 사업이 취지에 맞게 잘 운영되도록 돕는 일이다. 작년 2학기부터 이 사업에 참여했었다.

지금까지 공립 단설, 사립, 공립 병설 등 다양한 유치원을 방문

했지만, 유치원 열매반 담임의 질문은 한결같았다.

'한글 교육을 어디까지 해야 하는가?'

그 질문에 반사적으로 유치원 누리 교육과정을 기준 삼아 하면 되는데? 싶었지만, 굳이 질문하는 담임들의 마음을 가늠하며 가만히 경청했다.

'아이가 한글을 모르고 입학하는 것을 학부모님들이 너무 걱정해요.'

열매반 담임들에 의하면 아이가 한글을 모르고 입학하면 학교생활에 뒤처질 것 같은 불안함에 이때부터 본격적으로 학원을 보내거나 집에서 방문학습을 시키고, 유치원에서도 한글 교육을 하도록 요청한다는 것이다.

아, 그렇구나.

처음으로 의무교육에 발을 딛는 아이들이 잘했으면 하는 부모의 마음이다. 아직 1학년을 겪어보지 않았으니 불안한 마음이 드는 건 당연하다.

잠시, 내가 20여 년을 만나온 수많은 1학년을 떠올렸다. 해마다 좀 달랐지만, 한 학급에 20% 정도는 한글을 다 깨친 상태로, 60% 정도는 감만 잡은 채로, 20% 정도는 한글에 대해 전혀 모르고 입학했다. 그랬던 그들이 3, 4학년이 되면 차이가 희미해졌다. 5, 6학년이 되면, 그 차이는 더더욱 나지 않았다.

그 이후 중학교, 고등학교, 대학에 진학해서 이루는 성취와 한

글 익힌 시기가 관계있을까? 글쎄, 이미 성인이 된 우리 집 아이들과 주변 아이들을 보면 별로 상관없을 것 같다. 아이에게 특별히 인지적인 측면이나 감각 기관의 기능에 문제가 없으면 2학년 1학기, 늦어도 2학년 2학기쯤엔 다 깨쳤다.

그도 그럴 것이 1학년이 되면 한글에 대해서는 상황적 압력이 꽤 높은 편이다. 학교에서는 매시간 한글이 제시되고, 한글로 표현하기를 요청받는다. 그리고 우리나라 1학년 담임들과 교육청은 정말 많이 노력한다. 담임들은 한글을 못 깨친 아이가 있으면 자기 자식인 양 고민하고 교육청은 한글과 관련된 각종 지원 사업을 진행하며 애를 쓴다. 이때쯤이면 가정에서도 신경 써서 아이의 입장에서는 한글을 깨칠 수밖에 없는 상황이다.

지난 20년간 지켜본 바에 의하면 이는 해마다 별반 다를 바 없었다. 그런데 최근 들어 사뭇 달라진 점이 있었는데, 바로 아이들 반응이었다. 한글에 대해 전혀 알지 못하고 온 20%의 아이 중에 유독 화를 참지 못하거나, 심하게 움츠리는 모습이 눈에 띄었다.

예전 1학년 아이들 같으면, 자신이 모른다는 사실에 대해 크게 개의치 않았다. 선생님이나 친구들에게 물어보고, 천천히 제 할 일을 해 나가던 아이들이 대부분이었다. 그런데 이젠 한글을 모른다는 사실을 심하게 부끄러워해서 아무것도 하지 않으려 하거나, 아니면 물어보지 않고 책이나 공책을 찢거나 연필을 부러뜨리며 자기가 내는 화를 통제하지 못하는 아이들이 한 반에 한두 명씩 있다. 이렇게 되면 당연히 한글 깨치기는 더 힘들고, 더 오래 걸린다. 그 후 교과 학습에서도 좋은 결과를 기대하기 어렵다. 배우려고 하는 마음이 꺾였기 때문이다.

나래원과 가람원 관찰 결과를 담은 종합장을 들고 가는 아이들의 모습이 개선장군 같다. 종민이 종합장을 흘낏 보니 동물과 식물 이름을 8개나 쓰고, 특징을 옆에 그려놓았다. 특징을 글로 쓸 수 있으면 쓰고, 쓰기 어려우면 그림을 간단하게 그려도 좋다고 했더니 아직 글로 표현하기는 어려웠나 보다.

그러나 식물의 모양이나 크기, 동물의 움직임 등은 꽤 사실적으로 표현했다. 잠시 쉬고, 관찰 결과를 가지고 자연 지도 그리기를 할 참이었다. 종민이는 내게 종합장을 보여주며 아까 하던 이야기를 뒤이어 연신 종알거렸다. 바위에 낀 지렁이를 꺼내 주려고 살짝 만졌더니 보들보들했으며 불두화는 향기는 크게 나지 않았지만 히얗고 꽃송이들이 폭신폭신했나는 등등….

종민이의 종알거리는 모습을 물끄러미 지켜보며 생각했다.

빨리 한글을 깨치는 것보다 더 중요한 것은 따로 있다고.

아이가 배우고자 하는 마음을 간직하도록 기다려줘야 한다고.

그리고 아이가 그 마음을 더 키울 수 있도록 도와줘야 하는 게 어른의 역할이라고.

언젠가 한글 때문에 고민하는 유치원 열매반 담임을 컨설팅하게 되면, 혹시 한글을 모르는 아이를 보며 불안해하는 1학년 학부모를 만날 기회가 있으면 꼭 이야기해 줘야지.

"한글을 깨치는 속도의 차이만 있을 뿐, 아이들은 다 해낼 수 있어요. 그것보다 '중꺾마(중요한 것은 꺾이지 않는 마음)'를 꼭 간직하세요."

맞나? 그래가 우야노.

변수정

현승이는 입학할 때부터 또래보다 키가 컸다. 줄을 서면 다른 아이들이 현승이의 귀만큼 왔다. 큰 키에 마른 몸, 짜증이 묻어있는 표정, 조금 삐딱하게 낀 안경과 그 너머에 있는 시선까지. 맨 뒤에 앉은 현승이는 한눈에 봐도 까탈스러운 아이 같았다.

아니나 다를까 쉬는 시간마다 현승이는 늘 민원을 제기했다. 친구들이 자기를 때린다, 노는데 방해했다, 밀었다, 욕을 했다, 등등등. 그런데 민원 내용을 가만 들어보면, 얼마나 구성지고, 그럴듯한지 현승이를 괴롭힌 아이를 당장 혼내지 않으면 안 될 것 같은, 그 반의 정의가 무너질 것 같은 느낌이 들 정도였다.

올해 2학년인 현승이는 지난주 쉬는 시간에 블록을 가지고 지훈이와 놀았다. 현승이는 1학년 때부터 여러 아이와 놀기보다 단짝인 지훈이와 둘이 자주 놀았다. 갑자기 현승이가 세상 억울한 얼굴로 내가 앉아있는 자리에 왔다.

"선생님, 윤수가 블록을 발로 찼어요. 저는 지훈이와 터널을 만들고 있었을 뿐인데, 윤수가 오더니 우리 블록을 발로 차서 못쓰게 만들었어요. 마지막 블록만 꽂으면 완성되는 거였거든요. 너무 속상해요."

방해꾼으로 지목된 윤수는 블록이 있는 곳에 멍하게 서 있다가 내가 현승이와 함께 바라보자 작살 맞은 물고기처럼 놀랐다. 그러고는 그 큰 눈에 갑자기 눈물이 차오르고, 벌게진 눈을 끔벅거렸다.

나는 다시 현승이를 보고 말했다.

"맞나? 그래가 우야노?"

현승이의 표정이 떨떠름했다. 아마 그는 내가 당장 윤수를 불러 시시비비를 가리고, 윤수를 혼내 줄 것으로 기대했을 것이다.

"마음이 많이 속상하고, 짜증스러워요. 윤수가 안 그랬으면 좋겠어요."

알았다고, 나중에 윤수를 불러 이야기해 보겠다고 하며 네가 윤수에게 하고 싶은 말을 해 보라며 보냈다. 현승이는 윤수에게 뭐라고 한 후, 다시 지훈이와 블록을 가지고 놀았다. 시종일관 장

승처럼 그 자리에 서서 현승이와 나를 바라보던 윤수는, 점점 더 표정이 어두워졌다.

나는 살짝 다가가 윤수에게 무슨 일이냐고 물었다. 내가 묻자, 그렁그렁했던 눈에 눈물이 주르르 흘렀다. 엄마가 베트남 사람인 윤수는 또래보다 말이 유창하지 않았다.

윤수는 현승이를 손으로 가리키며

"안 놀아줘요, 저리 가라 했어요."

떠듬떠듬 이야기하는 윤수의 말을 재구성해 보니, 윤수도 블록놀이를 하고 싶었는데 현승이가 안 끼워줬고, 윤수가 옆에 서서 구경하는데 저리 가라며 현승이가 윤수 다리를 밀면서 옥신각신하다 블록이 망가졌다.

윤수에게 친구들이 못 놀게 버티고 서있지 말고, 놀이에 끼워주지 않아 속상하다고 말하는 연습을 여러 번 시켰다. 윤수는 소맷부리로 얼굴을 쓱쓱 문지르고, 나를 따라 말했다.

다시 현승이를 불렀다. 함께 놀고 싶은 친구의 마음을 알아줘야 하며, 같이 놀 수 없다면 어떻게 배려해야 하는지 한참 이야기 나눴다. 쉬는 시간이 거의 다 지나가 버렸다. 시계를 힐끗 본 후, 한숨 쉬며 현승이가 물었다.

"선생님, 잘못한 건 윤수인데 왜 제가 혼나야 해요?"

그래서 나는 말했다.

"이건 혼나는 게 아니야. 다정한 태도를 배우는 거야."

현승이는 알 듯 모를 듯한 표정으로 들어갔다. 이어 블록을 정리하는 지훈이를 도왔다.

1, 2학년 아이들과 함께 있다 보면(대체로 3학년까지) 정말 많은 민원이 발생한다. 구사할 수 있는 어휘가 폭발적으로 늘어나는 초등학교 저학년에서는 당연한 현상이다. 말로 자신을 대변하고 친구를 옹호할 수 있다는 사실은 인간이 되어간다는 증거이며, 따라서 정말 멋진 일이다.

그러나 교사의 입장에서는 매일 반복되는 민원에 귀에 피가 날 지경이다. 무엇보다 민원마다 시시비비를 가려줘야 할 것 같아 쉬는 시간이 오히려 더 괴롭다. 한때 나도 그랬다. 학교에 와서 하루 종일 시시비비만 가리는 '판관 포청천'이 된 것 같았다.

그러면서 자기 입장에서만 말하는 아이들이 거짓말을 한다고 생각했다. 쉬는 시간에 아이들이 찌푸린 얼굴로 다가오면 '또 뭐야?'라는 생각과 함께 짜증이 솟구쳤다. 그 생각이 바뀐 건 어느 날 읽은 한 권의 책 때문이다.

인류학자 브라이언 헤어 바네사 우즈는 『다정한 것이 살아남는다』(2020)에서 인간이 현재 어느 종보다 지구상에 번성할 수 있었던 이유에 대해서 다음과 같이 정리한다.

'인간에게는 선천적으로 호기심이 있었고, 놀이를 통해 공감하고 협력하는 방법을 배웠기 때문이다.'라고.

그의 의견에서 나는, 인간에게 있어 타인과(되도록 다정하게)

의사소통하는 능력이 살아가는 데 무엇보다 중요하며 이것을 배워야 한다는 교육적 통찰을 함의한다고 생각한다.

책장을 덮고 잠시 이 생각에 머물렀다. 이어지는 생각과 의문이 머릿속에서 떠다녔다. 어쩌면 아이들의 폭발적인 민원은 의사소통하는 능력이 향상되는 과정이 아닐까? 중요한 것은 누가 잘했고, 누가 잘못했고가 아니다. 서툴지만 서로 자기 입장에서 최대한 이야기해 보고, 다른 사람은 어떻게 생각하는지 들으면서 오해하다가 서로를 이해하게 된다. 그러면서 의사소통 능력이 자라는 건 아닐까?

그렇다면 의사소통 능력이 발휘되고 향상되는 순간은 어쩌면 국어 시간만이 아니라 쉬는 시간, 분쟁이 난무할 때일지도 모른다. 그때 교실에는 여유 있게 들어줄 수 있는 존재가 있어야 한다. 물론 초등학교 저학년 교실에서 그 누군가는 대부분 교사일 테지만.

그 후로 나는 대부분의 민원에 대해 끝까지 눈으로 호응하며 듣는다. 그리고 마지막에는 정말 무해한 말. 그러나 정말 강력한 말을 한다.

"맞나? 그래가 우야노?"

(때때로 나는 내가 경상도 네이티브인 것이 좋다. 경상도 말에는 이렇게 함축적으로 마음을 담아 호응할 수 있는 말들이 많다.)

대부분 아이는 신나게 자기 입장에서 이야기하다가 좀 전의 현승이처럼 머쓱해한다. 이 말로 인해 공은 아이에게 넘어간다.

순간 무엇을 어떻게 해야 할지 아이는 고민한다. 어떤 아이들은 몰라요라는 말로 공을 다시 내게 넘기기도 하지만, 때로는 자신이 해결책을 제시하기도 하고, 어떤 아이들은 자기가 옳다고 내게 더 피력하기도 하고, 또 어떤 아이들은 자기 마음이 어땠는지 표현하기도 한다.

물론 사안의 위험도에 따라 내가 나서는 경우도 있다. 내가 나서지 않으면 다른 아이가 중재자 역할을 해서 자기들끼리 해결한다. 그러고는 아무 일도 없었다는 듯 또 같이 논다. 그 과정에서 아이들 안에서 많은 말들이 오고 간다. 대부분은 직접 나서기보다 분쟁이 어떻게 마무리되는지 목소리가 들리는, 너무 멀지도 않고, 가깝지도 않은 자리에서 지켜본다.

현승이는 말로 다른 사람을 납득시킬 수 있는 정말 좋은 재주를 지녔다. 그러나 그도 다른 사람의 입장을 느낄 수 있어야 하고, 배려하는 태도를 배워야 한다. 윤수는 버티고 서서 친구 놀이를 방해하지 말고, 행동보다는 말로 자신의 속상한 마음을 표현해야 한다.

이렇게 서로 다른 아이들이 어울려 사는 교실은 늘 삶의 현장이다. 이들이 여기서 서로 다름을 이해하고, 다름을 다정하게 대하는 태도를 배운다면 이 세상이 조금 더 좋아지지 않을까?

다음 쉬는 시간, 현승이는 다시 블록을 가져온다. 그 옆에 지훈이와 함께 윤수가 서 있다. 나와 공중에서 시선이 부딪친 현승이는, 지훈이와 윤수에게 말한다.

"이중 터널을 만들 거니까 블록을 이리 가져와서 쌓자."

친구들과 블록을 쌓는 윤수의 표정이 해처럼 환하다.

교사와 학부모 그리고 아이

변수정

"수석님~, 잘 지내셨지요?"

아직은 쌀쌀한 이른 봄날, 어스름한 저녁 무렵이었다. 교육연수원에서 진행된 연수를 마치고 난 후, 누군가 앞쪽으로 다가와 내게 알은체했다. 아! 지난 학교에서 같이 근무했던, 내가 수업을 지원했던, 1학년 담임을 여러 해 했던, 무엇보다 잊을 수 없는 미주를 1학년 때 담임했던, 그였다. 반가움에 그간 있었던 일로 잠시 회포를 풀기로 했다.

교육연수원 1층 장애우 학생들이 바리스타를 실습하는 「나눔」

카페에 들러 따뜻한 차를 마주했다. 고소한 우유 크림과 쌉싸름한 커피가 적당히 어울리는 카페라테가 연수를 진행하느라 긴장했던 몸과 마음을 부드럽게 녹여주었다. 새로운 학교 이야기, 지난 학교에서 같이 근무했던 사람들의 근황, 자질구레한 신변잡기까지 이야기가 한참 오갔을 때였다.

올해도 1학년 담임을 하냐는 내 질문에 그는, 잠시 이야기를 멈췄다.

"아니요, 그때 1학년이 너무 악몽 같아서 당분간 아니, 앞으로 1학년은 안 할 것 같아요."

아, 그랬구나. 충분히 이해한다고, 나는 자연스럽게 2학년 때 본 미주 모습을 이야기했다. 그런데 그는,

"그해 미주도 있었지만, 솔직히 저는 강준이 때문에 너무 힘들었어요."

강준이? 강준이 누구였더라. 가민가만 기억을 더듬어 봐도 누구였는지 잘 떠오르지 않았다. 그에 의하면 미주는 워낙 특출나서 한 학기 정도 지나니 어쩔 수 없다고 포기할 수 있었다. 엄마도 전혀 말이 통하지 않으니 더 이상 교육적으로 방법이 없다고 사고가 나지 않게 관리만 하는 것으로 마음을 접었다. 그런데 강준이는 달랐다. 어느 정도 적응이 될 수 있는 아이 같았다.

의자에 앉는 것도 힘들어하고, 다른 아이들보다 소근육 발달이 늦어서 글씨 쓰기나 가위질 같은 것은 어설펐지만, 천천히 이끌

어 주면 되지 않을까 싶었다. 다만, 강준이는 자기가 다 못했으면 반 전체에게 소리를 질렀다. 사사건건 소리를 지르고, 울며 화를 내는 강준이를 통제하느라 진땀을 뺐다. 미주는 그나마 건드리지만 않으면 전체 수업을 방해하지는 않는데 강준이는 달랐다. 수업을 방해하는 행동 때문에 다른 아이들에게 피해가 갔고, 학교 주변 아파트 단지에서도 소문이 났다는 이야기가 들렸다.

  3월이 지나고, 4월 학부모 상담 기간에 만난 강준이 엄마는 아주 부드럽고, 교양 있게 강준이가 어떤지 물었다. 담임은 강준이에 대해 어디까지 이야기해야 하는지 고민하다가 강준이 엄마의 태도가 수용적이라 판단해 되도록 있는 그대로 그 당시 강준이의 상태를 이야기해 주었다. 특히 다른 아이들이 힘들어한다고, 강준이가 친구들과 사이좋게 지냈으면 좋겠다는 말로 이야기를 맺었다.

  "그게 실수였어요…."

  그렇게 돌아간 강준이 엄마는 그날부터 교무실에 전화하기 시작했다. 전화의 대부분이 아이가 1학년에 적응을 못 하는데 담임 교사의 강압적인 행동 때문이라는 항의였다. 어느 날은 복도에 불러내 이야기한 것을 가지고도 다른 아이들과 분리되어 아이가 불안해하는데 정서적인 학대 아니냐고 했고, 아이들 있는 데서 강준이의 행동을 통제하면 다른 아이들이 강준이에 대해 부정적으로 인식하도록 유도한 것 아니냐고 했다.

이러지도 저러지도 못하며 있는 대로 스트레스 받던 중, 5월 초 카네이션 만들기를 할 때였다. 색종이 카네이션 꽃잎 주변을 오돌토돌하게 자르는 것을 어려워하는 아이들을 위해 담임은 큰 핑킹가위로 하나하나 잘라주고 있었다. 강준이는 색종이로 꽃잎을 접지 못해 핑킹가위로 꽃잎 주변을 다듬을 수 없었다.

강준이는 짜증을 내기 시작했고, "우아아아, 나 아직 못했어."라고 백낮같이 소리를 질렀다. 기가 막혔고, 있는 대로 짜증 났지만, 담임은 강준이에게 그만하라고만 했다. 그리고 하던 일을 계속하며, 불안해하는 아이들을 향해 '우리끼리 하던 것은 마저 하자, 강준이 저러는 건 하루 이틀 아니니 그냥 두자'라고 아이들을 다독였다.

"나도 사람인데 강준이 엄마 하는 짓에 넌더리가 나서 애도 보고 싶지 않더라고요…."

며칠 후, 교육청에 민원이 접수되었고, 국민 신문고에도 신고가 되었다는 소식이 들렸다. 아동학대로 신고하겠다고 했다. 문제는 '우리끼리'와 '강준이 저러는 건 하루 이틀 아니니 그냥 두자'는 말이 녹음된 파일이 있었다. 알고 보니 강준이 엄마는 얼마 전부터 강준이 가방에 녹음기를 넣어 보내고 있었다. 일이 더 시끄러워지기 전에 해결해야 했던 관리자들은 강준이 부모와 담임교사가 함께한 자리에서 사과하라고 종용했다. 받아들일 수 없었지만, 일을 무마하려면 그래야 한다고 했다.

그 상황에서 버틸 수 있는 교사가 몇이나 있을까?

담임교사가 사과하자 강준이 부모는 그것 보란 듯, 당신이 잘못했다는 식으로 비난하고 자리를 떠났다. 마음이 무너진 그는, 한동안 병가를 내고 추슬러야 했다. 담임이 병가로 공석이 되자 강준이네 학급을 맡아 줄 교사가 갑자기 필요했다. 도심에서 먼 까닭에 기간제 교사가 구해지지 않아 학교에서는 돌려막기식 보결 수업으로 겨우겨우 버텼다.

그렇게 어렵게 구한 기간제 교사도 계약 기간만큼 머물지 못해 연일 바뀌었다. 강준이에 미주까지…, 3월부터 맡았던 담임교사도 힘들어했던 학급에서 기간제 교사가 수업하거나, 훈육을 해서 도저히 교육할 수 있는 상황이 아니었을 것이다. 그러다 강준이는 온다 간다 말도 없이 인근 군지역으로 전학 갔다. 당시 그 학교는 광역시 경계에 있어, 15분 정도만 가면 바로 농촌 지역이다. 그게 1학기 마지막이었다.

2학기에 담임도 병가를 마치고 돌아왔고, 나도 2학기부터 1학년 수업을 지원했었다. 그리고 나는 미주에게만 집중했었다. 당시 1학기 때 있었던 사건의 개요는 대충 알고 있었지만, 그게 강준이라는 아이 때문인지는 알지 못했고, 그 강준이는 이내 전학을 갔다. 내가 강준이라는 아이를 몰랐던 것은 그 때문이었구나. 들리는 소식에 의하면 그 후 강준이는 다시 한 학기 만에 바로 옆 학교 2학년으로 전학을 갔다고 했다. 옆 학교는 공동 학군이라서 원하면 전학할 수 있었다.

그래서 1학년은 이제 맡고 싶지 않다고.
학부모와 상담도 더 이상 하고 싶지 않다고.
내가 왜 사서 그 고생을 했나 싶다고.
적당히 시간만 보내다 2학년 올려보낼걸.
걔가 학교에 적응하거나 말거나 자기랑 무슨 상관이냐고!

아픈 말을 쏟아내고 난 후, 그는 잠시 숨을 골랐다. 교사로서 기가 꺾이고, 상처받은 그의 마음이 느껴졌다.
일련의 이야기가 폭풍처럼 지나가고, 나는 몇 해 전에 있었던 서이초 교사 사건이 떠올랐다. 충격적이고, 마음 아픈 이야기. 도저히 그냥 있을 수 없어 뜨거운 여름 여의도의 아스팔트에서 함께 시위하며 아픔을 나누었고, 너 이상 이런 일이 일어나지 않기를 바랐다. 당시 서이초 교사를 비롯한 비슷한 젊은 교사들의 사고가 연일 뉴스를 도배했을 때, 사람들은 말했다.

'어떻게 그런 일이 있을 수 있지?'
주로 연배가 있는 학교 밖 사람들이었다. 자신들이 꼬꼬마였을 때, 교실이 콩나물시루 같았을 때, 학부모가 학교 담장을 넘는 일이 너무 부담스러웠을 때, 선생님이 하늘 같았을 때, 그때를 기억하고 하는 말이었다.

그 말을 들으며 나는 말했다.

학교가 당신들이 다니던 그때와 비슷해 보여도 비슷하지 않다고.
그 안에 있는 사람이 다른 사람이라고.
자기 아이의 권리에 거침없는 학부모들과
전체 아이들을 생각해야 하는 교사들이 있다고.
그래서 학부모들이 앙심을 품으면 처음부터 교사에게 말이 되지 않는 대결이라고.
법도, 제도도, 학부모 대 교사를 1 대 1로 여겨 결판낸다고.
교사는 어김없이 지고 또 지고 또 진다고.
여러 번 진 교사의 마음은 너덜너덜해져 있다고.
그리고 그 사이에 끼어 있는 어린아이들이 있다고.
사람으로서 어울려 살아가는 방법과
사람으로서 살아가는 데 필요한 지식과
사람으로서 사람과 자연과 온 세상에 품어야 하는 태도를
학교에서 배워야 하는 아이들이 있다고.
당신들이 학교에서 여러 가지를 배웠을 때
쉽지 않았듯이, 편하지 않았듯이,
교육이란 원래 어렵고 힘든 일이라고.

아이들의 부모와 교사가 힘을 합치지 않으면,
서로를 믿고,
서로를 존중하지 않으면
할 수 없는 일이라고.
그런데 그 어렵고 힘든 일을 함께해야 하는 교사와 부모가 아프다고.

  그 선생님과 인사를 나누고 돌아서는데 하고 싶은 말을 삼킨 느낌이었다. 하지만, 무슨 말을 하고 싶었는지 떠오르지 않았다. 답답해진 마음으로 연수원을 나섰다.
  이제 완전히 밤이 된 거리엔 가로등과 상점의 불빛과 자동차 헤드라이트 불빛으로 가득하다.
  불빛으로 희끄무레해진 하늘에 있어야 할 별이 보이지 않는다.
  갑자기 별이 보고 싶어진 나는, 어디 가야 볼 수 있는지를 가늠한다.
  그리고, 생각한다.

  별이 보이지 않을 뿐, 없는 건 아니야.

김지후에게 주인공이란?

변수정

주제에 맞게 수업을 풀어낼 때 가장 고민하는 부분은, 아마 교사마다 다를 것이다. 내 경우는 수업 첫머리를 어떻게 시작할까? 꽤 오랫동안 고심하는 편이다. 사진이나 동시, 그림책, 동영상, 이야기, 수수께끼, 다섯고개 등 아이들이 수업 주제를 짐작할 수 있는 동시에 흥미를 갖고 집중할 수 있는 소재를 주로 찾는다. 아무래도 초등학교 1, 2학년 아이들에게 익숙하고, 교육적으로도 흠잡을 데 없는 매체는 그림책이다.

그렇다 보니 수업 첫머리에 함께 그림책을 읽고 이야기 나누는 수업을 자주 하게 된다. 그러나 모든 그림책이 다 성공적이지는 않다. 그 주 수업에는 요시타케 신스케라는 일본 작가가 쓴 『이게 정말 나일까?』라는 그림책을 선택했다. 김지후라는 아이가 숙제를 대신해 줄 로봇을 사서 자신이 어떤 사람인지 알려 주는 기발한 설정인데 만화 같은 그림체도 귀엽고, 내용도 아이들이 공감할 만했다. 특히 엄마가 잔소리할 때 김지후가 '아, 등 간지러' 하며 머릿속으로 딴생각하는 장면을 읽어줄 때 아이들은 작게 소곤거렸다.

"킥킥, 나도 저런 적 있는데.", "나도"

이제까지 시도해 본 그림책 중에서 손에 꼽힐 정도로 아이들은 이 책을 재미있어했다. 과히 폭발적이었다.

1반, 2반 수업을 끝낸 화요일이었다. 교장실 앞을 우다다다 달려 돌봄 교실에 가려던 몇 명의 저학년 남자아이들이 내 눈에 딱 걸렸다. 우리 학교는 급식실에서 나와 교장실과 행정실을 통과해 돌봄 교실이 있고, 뒤쪽 아파트로 통하는 정문이 배치되어 있다. 그래서 1층 본관 넓은 복도는 저학년 점심시간 이후엔 거의 아우토반이 되기 일쑤였다. 소음에 견디다 못한 선생님들이 '조용히 합시다'라는 패널을 세워두었지만, 가끔은 무용했다. 그날이 딱 그랬다.

3명을 불러 세우고 보니 2학년이었다. 2명은 오늘 수업한 반 아이들이었고, 한 명은 7반 김지후였다. 자초지종을 물으니 두 명이 자기들만 아는 '김지후 로봇 이야기'를 속닥거려 김지후가 이야기해 달라고 따라붙었고, 두 명은 도망가는 형국이었다. 아마 김지후는 자기를 놀리는 것으로 생각한 것 같았다. 나머지 친구들은 무척 억울해했지만, 2학년으로서는 오늘 『이게 정말 나일까』라는 책에서 본 김지후 로봇이 나온 이야기가 재미있었다는 느낌만 있을 뿐, 한 번 들은 그림책 전체 맥락이나 줄거리를 기억해 설명해 줄 능력이 없었다. 안전을 이유로 엄근진 선생님 모드로 전환해 주의를 주려다 그 말을 듣고 깜짝 놀랐다.

'세상에…, 아이들이 수업 내용을 방과 후까지 기억하다니….'

아이들은 언제나 현재에 살기 때문에 정말 잘 잊어버린다. 언제 그랬냐는 듯, 말갛게 깜빡이는 눈동자들을 무수히 겪어오면서 나는 그 사실을 진즉에 깨달았다.

'오, 기특한데?'

혼자 감격해 마음이 약해진 나는, 주려던 주의 수위를 아주 약하게 할 수밖에 없었다. 그러고는 마지막에 덧붙였다.

"아, 7반 수업은 금요일이어서 아직 지후가 모르겠구나. 그날은 네가 주인공이야."

내 말에, 줄거리를 말할 수 없었기에 놀렸다고 억울한 오해를 받은 두 명은 지후에게 "맞아, 맞아, 주인공이 너야." 고개를 주억거렸다. "그래?" 지후는 높고 큰 목소리로 대꾸한 후, 셋은 어깨동무를 하고 돌봄 교실로 갔다.

아 그런데 내가 뒤늦게 코로나에 걸렸다. 처음으로 앓은 코로나는 강력했고, 꼬박 일주일을 출근하지 못했다. 억지로 몸을 추슬러 7반 수업을 하게 되었을 때는 그 화요일부터 일주일이 지나고도 또 며칠 지난 금요일이었다. 당연히 그때 수업해야 했던 내용은 담임 선생님이 대신했고, 나와는 다른 방식으로 그 주제를 풀어냈을 터였다. 나는 그 사실을 까맣게 잊고, 새로운 주제 '성장 흐름표를 만들어보고, 자신의 성장 과정 알기'를 수업했다.

그런데 그날따라 김지후가 유독 열심히 참여하는 모습이 눈에 띄었다. 나는 김지후에 대해 쓰고 그리는 걸 귀찮아해서 수업에서 하는 것은 뭐든 대충 하는 아이라고 생각했었다. 소위 '머리는 있지만, 공부하기 싫어하는, 쓰는 것을 너무 귀찮아하는 남자아이'의 전형이라고 할까? 그래서 의외였다.

지후는 내게 까만 콩을 떠올리게 했다. 까무잡잡한 얼굴에 작고 깡마른 몸집, 유난히 까맣고 반들반들한 눈동자 때문이기도 하지만, 어찌나 동작이 빠르고 반응에 민첩한지, 교사 책상 앞자리에 앉아서도 뒷문 쪽 아이가 물통을 쏟으면 제일 먼저 달려갔다. 콩알이 톡톡 튀듯 뭐든 제일 먼저였다. 자기 것을 하고 있으면서도 레이더는 교실 전체에 켜둔 마치 음, 어떨 때는 미어캣이라는 동물 같았다.

거기다 지후는 높고 큰 목소리를 가지고 말도 잘했다. 교실에 벌이 들어왔다거나 복도에서 무슨 소리가 들렸다거나 누구누구가 싸우거나 새로운 일이 생기면 교실을 가득 차게 생중계해서 반 아이들의 이목을 집중시켜 버렸다. 아이들이 몰입할 수 있도록 수업에 공을 들이는 나와는 1학년 때부터 수업 시간에 기 싸움을 많이 할 수밖에 없었다.

특히 과제가 주어지고 5분이 되지 않아 달려 나와서 "다 했어요." 하는 지후의 결과물은 내가 보기에 너무 대충이었다. 이 부분은 이렇게 고치고, 저 부분은 저렇게 하고 몇 번이나 나왔다가 다시 들어가는 과정을 거치면 나중에는 오히려 처음에 묵묵히 한 아이들보다 늦었다. 그랬던 지후인데 금요일 수업에서는 얼마나 수업 내용에 집중하고 과정에 열심히 참여하던지 놀라웠다. 수업 마지막, 자신이 만든 성장 흐름표를 칠판에 가지런히 붙여두고, 친구들의 것을 구경하며 이야기를 나누는 갤러리 워킹 활동을 할 때였다. 지후가 나를 힐끔힐끔 보더니 질문했다.

"그 내가 주인공이라는 거, 언제 나와요?"

수업자료를 챙겨 교실을 나갈 준비로 바빴던 나는 '수업이 다 끝났는데 무슨 말이지?' 알아듣지 못했다.

"응? 그게 뭔데?"

"아, 그때 돌봄실 갈 때 말했잖아요. 내가 주인공이 되는 거요."

아하, 그 그림책! 생각났다. 까맣게 잊고 있었던 게 순간 미안했다.

그래서 지난번에 하기로 했는데 선생님이 아파서 못했다. 다음에 꼭 읽어줄게, 구구절절 설명하고, 손가락 걸어 약속했다. 지후는 시무룩한 표정으로 어깨가 축 처져 자리에 들어갔다. 칠판에는 삐뚤빼뚤한 글씨로 만든 지후의 성장 흐름표가 앞에서 10번째쯤 붙여져 있었다. 매번 시간 내에 과제를 끝내지 못하던 지후였는데 오늘은 10번째로 완성했다는 뜻이다.

오늘 수업 내내 이제나저제나 기다렸을 지후의 마음이 느껴졌다. 거의 열흘의 시간이었다. 그 열흘이 무색하게 지후는 내가 들어오는 것을 보자마자 자신이 '주인공'이 되는 순간을 떠올리고 기대했겠지. 수업을 마무리하고, 교실을 나서는데 문득, 지후가 하던 행동들이 한 줄로 꿰어졌다. 선생님과 친구들의 이목을 집중시키는 것이 내게는 수업을 방해하는 것이었지만 지후에게는 주인공이 되는 방법이었구나. 아, 수업에서 주인공이 되고 싶었구나. 지난 1년 내내 지후와 했던 기 싸움이 떠올랐다.

튀어 오르려는 지후와 그것을 지적하던 나와의 끊임없는 실랑이.

오히려 튀어 오르는 것을 수업에 활용했더라면 어땠을까. 구체적인 방법은 떠오르지 않았다. 하지만 분명 다른 경험을 했을 테고, 지후와도 다른 관계를 맺고 있었겠지. 1년 더 지후를 만날 수 있어서 다행이야. 한결 가벼워진 발걸음을 옮기는 순간, 내 뒤통수에 대고 누가 인사한다.

지후다. 복도까지 나와 팔이 떨어져라 흔들며 소리친다.
"감사합니다."

에너자이저에 대한 태도

변수정

나는 해마다 300여 명의 1, 2학년 아이들을 만난다. 그리고 14개 반에서 1학기 동안 수업한다. 1학기면 4개월 반 정도, 짧지 않은 시간이다. 그러다 보면 어쩔 수 없이 학급의 특성이 서서히 눈에 들어온다. 당연히 반마다 담임의 학급 운영 방식, 아이들의 특징, 그 둘이 합쳐져서 나타나는 현상이 다 다르다. 2달쯤 지나 어느 정도 파악하고 나면 나도 사람인지라 드러내지는 않지만, 학급에 대해 호불호가 생긴다.

그 해 내게 불호 중의 불호인 1학년 반은 2반이었다.

내게 불호였던 이유는 뒤쪽에 앉은 남자아이 몇몇의 에너지가 너무 컸다. 아이들의 에너지가 크면 활기 있게 수업이 이루어지기도 하지만, 문제는 1학년인지라 적절하게 스스로 조절하지 못하는 데 있었다. 내가 한 마디 하면 아이들은 열 마디, 백 마디, 천 마디를 했다. 하나하나의 사안마다 자기 머리에 떠오르는 대로 이야기하고, 서로의 이야기에 서로가 시비했다. 그러다 서로 말싸움으로 번지기도 해서 여간 성가시지 않았다.

1학년 2반에만 들어가면 '앞으로 보세요', '집중', '선생님'~ '봅니다', '그만! 앉아서 이야기하지 않습니다' 등 수업 주제와 관계없고, 오로지 주의 집중을 위한 구호를 몇 번이나 반복하게 되는지 정작 내가 해야 할 말을 잊어버리기 일쑤였다. 두더지 잡기 하듯, 1분단 맨 뒤의 승우를 집중하게 하면 3분단 중간의 경수가 뭐라 하고, 그걸 말리다 보면 2분단 중간의 현택이가 경수의 말꼬리를 잡고, 그것을 성진이가 승우의 편을 들며 시비를 하는 상황이 순식간에 벌어졌다. 몇 번 그 상황을 진정시키는 과정이 꼭 물을 가득 머금은 솜이불을 어깨에 메고 한 걸음 한 걸음 떼는 것 같았다.

그 에너자이저 중의 원탑은 바로 성진이었다. 성진이는 빠르고, 키가 크고, 힘도 좋아 잘 지치지도 않았고, 목청도 컸다. 반에서 제일 컸다. 그런데 성진이가 말을 하면 소리는 큰데 무슨 말인지 잘 알아들을 수 없었다. 처음에는 말이 빨라서 그런가 했는데 빠르기도 했지만, 가만 들어보니 말을 더듬었고, ㄱ 발음이 뭉개졌다.

성진이는 끼지 않는 곳이 없었다. 앞서 말한 여러 에너자이저에게만 상관하는 것이 아니라 평소에 있는 듯 없는 듯 화초 같은 아이들에게도 참견했다. 그러나 늘 이렇게 모든 일에 관심을 갖는 것은 아니었다. 성진이의 모든 에너지가 참견을 넘어 간섭으로 집중되는 시간은 바로 수업 시간이었다. 창가 쪽 1분단 맨 뒤에 앉아서 3분단 맨 앞에 있는 효민이가 화장실 가는 것까지 '화장실 목걸이'를 걸고 어디 가냐고 할 정도였다.

쉬는 시간만 되면 성진이는 에너자이저 중 하나인 승우와 둘이 모여 "로블록스 놀이할 사람 여기 모여. 10, 9, 8…." 하면서 놀이를 제안하고 여러 아이들과 정말 신나게 놀았다. 내가 다음 시간 수업을 위해 1분이라도 일찍 쉬는 시간을 침범하면 바로 서릿발같이 "아직 1분 남았어요!!"라고 소리치고 일부러 들어가지 않겠다는 듯 교실 뒷바닥에 주저앉아 나를 바라보며 버티곤 했다.

이런 성진이에게 사사건건 교실에서 지킬 규칙을 들이대며 옥신각신하다 보면 결국 나도 성진이도 서로 기분이 상했다. 그런 일들이 반복되자, 월요일 아침이면 그 주에 1학년 2반 수업이 언제 들었는지를 확인하고, 성진이를 떠올리며 무거운 마음을 추스르곤 했다. 그때 위안은 일주일에 두 시간 수업하는 나도 이런데 성진이의 담임 선생님 노고는 얼마나 클까였다.

근데 수업 시작하기 전, 혹은 지나가며 가만 보니 성진이는 담임 선생님한테는 나에게만큼 부정적인 반응을 보이지 않는 것 같았다. 처음엔 내가 만만한가? 싶어 기분이 나빴지만, 7살짜리의 단순함을 다시 떠올렸다. 만일 성진이가 담임 선생님과 나를 구분해 행동한다면 내가 뭔가 다르기 때문일 것이다. 그리고 다른 반에 비해 유독 내가 2반에 예민하다면 다른 반에서 하지 않는 행동을 내가 하고 있을지도 몰랐다.

같은 주제로 7개 반 수업을 하지만, 각 반의 특성에 따라 전개되는 양상은 달랐다. 아이들이 말하기를 좋아하면 발표 기회를 더 주고, 그리기를 좋아하면 조금 더 충분히 그릴 수 있게 시간을 주고, 움직이기를 좋아하면 그 활동을 더 할 수 있도록 시간을 확보하려 했다. 그럼 2반은? 그런 게 없었다. 아이들이 손에 잡히지 않는다는 부담감에 아이들이 무엇을 좋아하는지 살피지 않았다. 그보다 집중하지 않는 에너자이저들을 진정시켜 서둘러 입에 떠 넣듯 수업하는 데 급급했다.

이런 내 모습은 최혜경 전 수석님이 관내 교사를 대상으로 한 특강 'AI시대에서 바라보는 수업의 본질'에 서서 자신의 수업을 보여주었을 때 더 극명하게 다가왔다. 수학과를 오래 연구하고, 아이들과 어떻게 수업해야 하는지 고민해 오신 수석님의 수업은 너무도 자연스러웠다. 고속도로처럼 시작부터 끝까지 한 방향으로 쭉 가지 않았다. 굽이굽이 흐르는 강처럼 가는 듯하다 아이들의 궁금증이 해결되지 않으면 머물렀고, 목표에 도달해 마무리하다가도 아이들이 이해하지 못했다 싶으면 다시 그 지점으로 돌아갔다. 철저히 아이들의 상황에 맞춰 진행되었다.

내가 왜 그랬지? 뭐가 그리 급했고, 매끄럽기를 바랐지? 좀 시끄러우면 어떤가, 좀 돌아가면 어떤가, 사실 준비한 활동을 모든 아이가 다 못했다고 해도 공부가 즐거웠던 기억으로 남는다면 충분히 다음 시간에도 이어갈 수 있는데. 너무도 일방적이었던 내 모습이 부끄러웠다. 부담으로 꽉 찬 압력솥 같았던 내 마음에 김이 빠지듯 편해졌다. 2반 수업을 앞두고 내가 준비한 수업안을 다시 살펴보았다.

그날 나는 거인을 주제로 2시간 수업을 준비했다. 먼저 영원한 고전 오스카 와일드의 『거인의 정원』이라는 그림책을 읽고 함께 이야기를 나누고, 자연스럽게 거인이 오늘 함께 공부할 내용임을 알린다. 그리고 아이들이 알고 있는 거인에 대해 이야기 나누고, 만일 내가 거인의 나라에 간다면 무엇을 하고 싶은지 상상해서 이야기한다. 상상한 것을 학습지에 글과 그림으로 나타낸다. 이후 2번째 시간에서는 아이들이 완성한 학습지를 실물화상기에 비춰 발표하고, 거인이 된 것처럼 보이는 사진을 모둠끼리 의논해 태블릿 PC로 찍고 전체 발표한다.

다시 보니 한숨 돌릴 틈도 없이 진행되어야 했다. 활동이 많으니, 시간이 빡빡했다. 뭘 덜어내지? 2반 아이들은 에너지가 많아서 듣기보다 자기가 말하기를 좋아했다. 일단 그림책을 덜어냈다. 그리고 그 시간만큼 자기가 아는 거인에 대한 이야기와 그런 거인의 나라에 초대되어 간다면 과연 무엇을 하고 싶은지 이야기했다.

역시 내 예상대로 '거인과 싸움하고 싶다', '용을 러시아, 중국, 일본에 보내 사람을 잡아먹게 하고 우리나라 땅이 더 넓어지게 하겠다' 등등 폭력적인 이야기가 주류를 이뤘다. 적절하게 받아주면서 '우리나라 사람들은 좋겠는데 땅을 뺏긴 나라 사람들은 어떨까?' 등을 질문하며 살살 긍정적인 분위기로 이어갔다. 결국 그 이야기를 한 아이는 거인과 프랑스에 여행 가서 에펠탑을 바로 올라가겠다로 바꿨다. 이런 이야기에 아이들은 꼬리에 꼬리를 무는 상상으로 즐거워했다. 그 여세를 몰아 학습지에 표현했다.

이어지는 시간에 학습지를 발표했다. 실물화상기에 학습지를 비추고 한 명씩 자기 것을 발표시키려고 했다. 그 순간 이전 시간에 목에 핏대를 올릴 정도로 열정적으로 이야기하던 성진이가 눈에 띄었다. 성진이를 '꼬마 선생님'으로 나 대신 아이들이 쓴 글을 읽도록 제안했다. 성진이는 내 제안에 쭈뼛거리며 나와 'ㄱ… 김을 잘 못하는데요.' 수줍게 말했다. 성진이에게서 처음 보는 태도였다. 나는 발음은 도와줄 테니 해보라고 했다. 대신 아이들이 맞춤법 틀리는 것을 즉석에서 고쳐서 말이 되게 읽어야 한다고 조건을 걸었다.

순간 얼굴에 결기가 서렸다. 성진이는 큰 목소리로 아이들의 이름과 거인의 나라에 초대되어 가면 하고 싶은 상상을 읽었다. 아이들은 누구의 이야기가 등장할지 초집중해서 보았다. 첫 ㄱ 발음이 조금 뭉개졌지만, 상관없었다. 나는 '오~ 잘했어. 성진이 덕분에 선생님 목이 덜 아프다'고 고맙다며 작게 성진이에게 속삭였다. 어깨도 함께 두드리며.

그 순간 성진이의 등이 더 꼿꼿하게 펴지는 것을 목에 더 힘이 들어가는 것을 느낄 수 있었다. 성진이는 '거인의 배에서 방방 띠고 싶어요'를 "ㄱ어거인의 배에서 방방 뛰고 싶어요."라고, '거인과 차칸을 함께 머꼬 싶다'를 "ㄱ어거인과 치킨을 함께 먹고 싶다."라거나 '거인의 목욕탕에 수영을 하고 싶습니다'를 "ㄱ어거인의 목욕탕에 들어가서 수영을 하고 싶습니다"라고 읽었지만, 처음보다 훨씬 발음이 또렷했다.

원래 목청이야 커서 교실의 맨 뒤의 아이들까지도 들리는 건 당연했지만, 발음이 뭉개지지 않아 전달력이 있었는지 아이들은 귀를 쫑긋 기울였다. 성진이는 10장의 학습지를 읽은 후, 두 번째 꼬마 선생님과 교대할 때가 되자 아쉬운 표정이 역력했다. 그리고 얼마나 애를 썼는지 볼도, 귀도 빨개져 있었다. 자리로 가는 성진이에게 '너는 읽기도 잘하는 꼬마 선생님이니까 듣기도 잘해야 한다'며 일침을 주었다. 성진이는 비장한 표정으로 끄덕이며 자리로 들어갔다.

물론 두 번째 꼬마 선생님이 낭독할 때 성진이는 이전과 별반 다르지 않았다. 전처럼 "우와, 거인 아이스크림이 얼마나 큰데? 아이스크림 계속 먹으면 똥 싸요." 등과 같이 훈수를 두었다. 그러나 내가 입술에 손을 갖다 대며 눈짓을 주면 흠칫한 후, 자신도 입술에 손을 대고 입을 딱 다물었다. 그런 성진이를 보는 내 입가에는 살포시 미소가 걸렸다.

그렇게 수업을 마치고 칠판을 정리하는데 늘 악착같이 쉬는 시간을 챙기던 성진이가 웬일로 단짝 승우와 함께 내 옆에 팔짱을 끼고 서 있었다. 무슨 일이냐는 듯한 시선에 성진이가 보드마카 지우개를 잡았다. "ㅈ제가 지울래요." 그리고 개구리처럼 폴짝폴짝 뛰며 판서를 지웠다. 아주 위쪽 팔이 아예 닿지 않는 곳은 승우가 성진이를 안아 올렸다. 다른 아이들도 칠판 쪽으로 몰려들었다. "저요. 저도 지울래요", "저도 지우고 싶어요." 아니, 이게 뭐라고, 이렇게 지우고 싶을까. 벌떼처럼 나를 둘러싼 아이들을 진정시키며 "아, 오늘은 성진이가 꼬마 선생님이니까. 성진이가 지울 거예요." 내 말에 실망하는 아이들 사이로 성진이는 더 신나서 칠판을 지웠다.

돌아보니 성진이가 얼마나 힘줘서 지웠는지 칠판이 유리알 같았다.

에너자이저는 에너자이저다.

그 분출하는 에너지를 나는 막을 수 없다.

다만 에너자이저가 자신을 성장시키는 방향으로 힘을 쓸 수 있도록 적절하게 물길을 가두기도 하고 터주기도 하는 것.
그것이 내가 할 일 같다.

Endnotes

이 글은 2024년 상반기에 서근원 교수님과 함께한 '아이의 눈으로 세상 보기' 연수의 첫 과정인 '선 이해 정리'를 마치고 쓴 소감문이다. 이 글을 글쓰기를 처음 하는 사람들이 읽었으면 좋겠다는 마음으로 썼다. 그 마음이 잘 전달되었으면 좋겠다.